Brittany Polat

DAS STOIZISMUS JOURNAL

Für ein Leben
mit mehr Gelassenheit,
mehr Achtsamkeit und
weniger Voreingenommenheit

Bibliografische Information der Deutschen Nationalbibliothek
Die Deutsche Nationalbibliothek verzeichnet diese Publikation in der Deutschen Nationalbibliografie. Detaillierte bibliografische Daten sind im Internet über http://dnb.d-nb.de abrufbar.

Für Fragen und Anregungen
info@m-vg.de

Wichtiger Hinweis
Ausschließlich zum Zweck der besseren Lesbarkeit wurde auf eine genderspezifische Schreibweise sowie eine Mehrfachbezeichnung verzichtet. Alle personenbezogenen Bezeichnungen sind somit geschlechtsneutral zu verstehen.

1. Auflage 2024

Türkenstraße 89
80799 München
Tel.: 089 651285-0

Die englische Originalausgabe erschien 2022 bei Zeitgeist unter dem Titel *Journal Like a Stoic: A 90-Day Stoicism Program to Live with Greater Acceptance, Less Judgment, and Deeper Intentionality.*

Übersetzung: Kimiko Leibnitz
Redaktion: Diana Napolitana
Korrektorat: Karla Seedorf
Umschlaggestaltung: Sabrina Pronold
Umschlagabbildung: Shutterstock/Arina Ulyasheva
Autorenfoto S. 223: Keni Parks
Satz: Zerosoft, Timisoara
Druck: GGP Media GmbH
Printed in Germany

ISBN Print 978-3-95972-742-6
ISBN E-Book (PDF) : 978-3-98609-440-9
ISBN E-Book (EPUB, Mobi) 978-3-98609-441-6

Inhaltsverzeichnis

Philosophie formt und gestaltet die Seele; sie ordnet unser Leben, leitet unser Verhalten, zeigt uns, was wir tun und was wir lieber lassen sollten; sie sitzt am Steuer und hält uns in einem Meer der Unwägbarkeiten auf Kurs. Ohne sie kann niemand furchtlos oder gelassen leben. Zahllose Dinge, die stündlich geschehen, erfordern einen Ratschlag; und diesen Ratschlag findet man in der Philosophie.

Seneca, *Briefe an Lucilius*, 16.3

Einleitung

Einen Tag, bevor ich mein Elternhaus verließ, um mein College-Studium zu beginnen, besuchte ich meine Großmutter, um sie zum Abschied zu umarmen. Mit dem ihr typischen Scharfsinn gab sie mir einen Ratschlag mit auf den Weg: »Kaufe keine Zauberbohnen, wenn dir jemand welche andrehen will!« Ich lachte nur und fragte mich, was sie damit meinte – Zauberbohnen gab es schließlich nur im Märchen – aber ich sollte noch oft an ihre Worte denken, nachdem ich von zu Hause ausgezogen war.

Ich dachte, ich würde mein Glück finden, wenn ich in einer bestimmten Stadt lebte, auf eine bestimmte Weise aussah oder einen bestimmten Job hatte. Aber jedes Mal, wenn ich diese äußeren Erfolge erzielte, rann mir das Glück durch die Finger. Ich begriff schließlich, dass es kein magisches Allheilmittel für unsere Probleme gibt. Ich lernte aus eigener Erfahrung, dass wir skeptisch sein sollten, wenn jemand oder etwas uns das Blaue vom Himmel verspricht. Mit der Zeit erkannte ich, dass wir das meiste aus unserem Leben herausholen, wenn wir fleißig sind und unseren gesunden Menschenverstand nutzen.

Als ich etwa 15 Jahre später den Stoizismus für mich entdeckte, musste ich an meine Großmutter denken. War dies nur eine antike Version der Zauberbohnen? Ich suchte nach Antworten, weil ich in meinem Leben gerade eine schwierige Zeit durchmachte – inklusive Berufswechsel, Umzug in einen neuen Bundesstaat und die Erziehung von drei überaus lebhaften kleinen Kindern. Ich suchte im Internet nach »Büchern über Weisheit« und stieß auf *Eine Anleitung zum guten Leben: Wie Sie die alte Kunst des Stoizismus für Ihr Leben nutzen* von William B. Irvine. Was war die Kunst des Stoizismus? Mein Interesse war geweckt. Ich fand noch viele weitere Stoizismus-Bücher, die große Versprechungen machten: Weisheit, Glück und Gelassenheit würden mir zuteilwerden, wenn es mir gelang, diese 2000 Jahre alte Philosophie zu durchdringen. Es schien zu schön, um wahr zu sein. Ich gab mir trotzdem einen Ruck, bestellte die Bücher und blieb aufgeschlossen.

Nach eingehender Lektüre erkannte ich, dass der Stoizismus kein Selbsthilfe-Märchen war. Er ist ein durchdachtes, fundiertes System für ein gutes Leben. Stoizismus hilft den Menschen schon seit sehr langer Zeit, ihr Leben zu begreifen und Widrigkeiten zu erdulden. Er ist seit über zwei Jahrtausenden eine bewährte Methode, sein Leben zielgerichtet und absichtsvoll zu gestalten. Er war gewissermaßen das genaue Gegenteil von Zauberbohnen. Ein Leben nach stoischen Prinzipien erfordert Disziplin und Introspektion. Mit anderen Worten: harte Arbeit.

Um aus diesem Prozess einen Gewinn zu erzielen, muss man viel investieren. Deshalb besteht dieser Kurs aus 90 täglichen Lektionen und intensivem Journaling. Die Arbeit ist jedoch nicht umsonst: Die Forschung zeigt, dass Menschen, die Stoizismus praktizieren, weniger negative Emotionen haben und beherzter leben. Ich habe diese Vorteile auf jeden Fall selbst erfahren, als ich den Stoizismus zu einem festen Bestandteil meines Lebens machte und daran wuchs. Ich las jedes Buch darüber, das ich in die Finger bekam. Ich veröffentlichte eine eigene Webseite zu diesem Thema, schrieb mein erstes Buch über Stoizismus und Kindererziehung und schloss mich der internationalen Gemeinschaft der Stoiker an. Später begann meine Zusammenarbeit mit Modern Stoicism und Stoic Fellowship, zwei Non-Profit-Organisationen, die es sich zur Aufgabe gemacht haben, den Stoizismus weltweit bekannt zu machen. In jüngster Vergangenheit habe ich die Wohltätigkeitsorganisation Stoicare ins Leben gerufen, die ihren Schwerpunkt auf stoische Weisheit, Wohlbefinden, Gemeinschaft und Pflege richtet.

Im besten Fall bietet Stoizismus feste, starke Wurzeln, mit denen man sein Leben akzeptieren und Zufriedenheit erlangen kann. Doch es gibt einen Haken: Nur Sie können über Ihre Wünsche und Ziele reflektieren und die Entscheidung treffen, Ihren Gedanken Taten folgen zu lassen. Ein friedvolles, absichtsvolles Leben erfordert viel innere Arbeit. Zauberbohnen sind gar nicht nötig.

Wie Sie dieses Tagebuch benutzen

Dieser Kurs besteht aus zwei Teilen: Hintergrundwissen über den Stoizismus und 90 Tage Journaling mithilfe stoischer Zitate. In Teil I werden Sie mehr über die Grundprinzipien und die Geschichte des Stoizismus erfahren. Wir werden die historischen Persönlichkeiten kennenlernen, deren Ratschläge Sie im Kurs begleiten werden, und Sie werden ein Gefühl dafür entwickeln, warum der Stoizismus eine praktische Lebensphilosophie ist.

In Teil II werden Sie anfangen, stoische Konzepte zu erkunden. Wir werden jeden Tag eine antike Spruchweisheit lesen, auf die eine Lektion folgt, die diesen Ratschlag in einen modernen Rahmen setzt. Sie werden die Möglichkeit haben, eingehend über die Bedeutung jeder stoischen Lektion zu reflektieren und schriftlich festzuhalten, wie sie sich auf Ihr eigenes Leben anwenden lassen.

Alle Kurse orientieren sich an einem Kernelement der täglichen stoischen Praxis. Sie sehen wie folgt aus:

Kurs A: Die Prüfung des inneren Kritikers fordert Sie dazu auf, Klarheit und Mut zu kultivieren, um auf diese Weise eine gesündere Beziehung zu Ihrem eigenen Geist zu entwickeln.

Kurs B: Der Weg zur Akzeptanz hilft Ihnen, Ihrem Leben mit offenen Armen zu begegnen, sich neuen Herausforderungen zu stellen und unsere schöne, unberechenbare Welt mit ganzem Herzen anzunehmen.

Kurs C: Ein tugendhaftes Leben stärkt Ihre neu gewonnene Weisheit mit einem tieferen Lebenssinn und Seelenfrieden und hilft Ihnen, Ihre innere Kraft und Güte zu erschließen.

Am Ende Ihrer 90-tägigen Journaling-Erfahrung werden Sie die Weichen für ein Leben mit weniger Vorurteilen, mehr Zielorientierung und größerer Akzeptanz gestellt haben. Wichtiger noch, Sie werden über die Mittel verfügen, die Sie brauchen, um auf eigene Faust stoische Gedanken zu erforschen, sowohl theoretisch als auch ganz praktisch im echten Leben.

Tipps zum Journaling

Halten Sie sich an die Reihenfolge

Die Kurse beginnen absichtlich mit einfachen Lektionen, die mit der Zeit immer komplexer werden. Alle Schreibimpulse regen zu tiefer Reflexion an, die ersten Lektionen werden Sie aber auf die schwierigeren Fragen einstimmen, die später folgen. Ich empfehle daher ein chronologisches Vorgehen.

Bleiben Sie konsequent

Versuchen Sie, Journaling zu einer täglichen Gewohnheit zu machen und in Ihren Alltag zu integrieren. Idealerweise schreiben Sie jeden Tag, oder mindestens mehrmals wöchentlich, zur selben Zeit und am selben Ort in Ihr Tagebuch. Wenn dies nicht möglich ist, müssen Sie eben mit dem arbeiten, was Ihnen zur Verfügung steht. Aber bedenken Sie: Je konsequenter und regelmäßiger Sie Tagebuch schreiben, umso positiver werden die Auswirkungen in Ihrem Alltag sein. (Verwenden Sie möglichst jeden Tag denselben Stift. Auf diese Weise verleihen Sie dem Akt des Schreibens einen weiteren Aspekt der Beständigkeit, wenn andere Variablen wie Ort und Zeit nicht so leicht kontrollierbar sind.)

Füllen Sie die Seiten

Ich fordere Sie dazu auf, den gesamten Platz zu nutzen, der Ihnen in diesem Buch zur Verfügung steht – er wird Ihnen als sichtbarer Beweis Ihres geistigen und spirituellen Wachstums dienen. Falls die Zeilen nicht ausreichen, können Sie sich natürlich ein zweites Tagebuch zulegen. Bedenken Sie jedoch, dass es um Klasse und nicht um Masse geht – es geht um tiefe Reflexion und Introspektion. Es geht nicht um die Anzahl der geschriebenen Wörter, sondern darum, dass Sie den Schreibprozess ernst nehmen.

Machen Sie das Journaling zur Gewohnheit

Um optimale Ergebnisse zu erzielen, ist es ratsam, das Tagebuchschreiben mit einem kleinen Ritual zu verbinden. Dies wird Ihnen helfen, Ihren Geist auf eine ernste Introspektion vorzubereiten und das Journaling angenehm und nutzbringend zu gestalten. Suchen Sie sich einen friedlichen Ort, an dem Sie in Ruhe nachdenken können, und stellen Sie eine Tasse Kaffee, Tee oder Wasser bereit, um Ihre Gedanken ins Fließen zu bringen.

Teil I

Die stoische Philosophie verstehen

In Teil I werden wir die Ursprünge und Grundkonzepte der stoischen Philosophie ergründen. Sie werden etwas über den Schiffbruch erfahren, der eine philosophische Revolution ausgelöst hat. Sie werden verstehen, wie die Anwendung der vier Tugenden Raum für Klarheit, Selbstbewusstsein und Zufriedenheit schaffen kann. Und wir werden sehen, warum der mächtigste Mann der Welt die Worte eines bescheidenen ehemaligen Sklaven gelernt hat. Am Ende dieses Abschnittes werden Sie verstehen, warum der Stoizismus eine Philosophie für *alle* ist, und bereit sein, diese Lehre selbst auszuprobieren.

Der stoische Kosmos

Stoizismus ist im wahrsten Sinne des Wortes eine Lebensphilosophie. Als Rahmen für das tägliche Leben kann er sich auf große und kleine Entscheidungen auswirken – auf welche Stelle wir uns zum Beispiel bewerben oder was wir heute zu Abend essen. Mehr noch, er gibt uns Erdung, wenn wir ungewisse Zeiten durchleben.

Mit seinen drei zusammenhängenden Disziplinen der Logik, Ethik und Physik unterstützt uns der Stoizismus, unsere Beziehung zu uns selbst, zum Kosmos und zu unseren Mitmenschen zu begreifen. Der Stoizismus erlaubt uns, unsere Aufgabe und unseren Weg auf eine Weise zu begreifen, wie es nur sehr wenige andere philosophische Richtungen zu tun vermögen, weil er uns auf unsere inneren Reichtümer verweist und uns dazu bringt, uns auf die Dinge zu besinnen, die wir kontrollieren können. Werfen wir einen kurzen Blick auf diese drei Disziplinen und wie sie uns heute helfen können, ein gutes Leben führen.

Logik

Woher wissen wir, was wahr und was unwahr ist? Wie kann man ein Thema am besten diskutieren? Das waren einige Fragen, die sich die Stoiker der Antike stellten und beantworteten. Die stoische Logik deckte viele unserer rationalen Denkaktivitäten ab.

Heute ist die Logik wichtiger denn je. Wir wollen uns nichts über die Welt vormachen, die uns umgibt, oder den Fehler machen und falsche Dinge für richtig halten. Wie kann man beispielsweise den Wahrheitsgehalt eines Artikels prüfen, der sich mit der Frage befasst, wie man seine Schlafqualität verbessern kann? Wie entscheidet man, ob ein spontaner Gedanke – *ich muss ein neues Küchengerät kaufen* – eine gute Idee ist? Die stoische Logik hilft uns nicht nur, fremde Behauptungen zu beurteilen, sondern auch, unsere eigenen Annahmen zu reflektieren. Sie ermöglicht uns, klare und akkurate Gedanken über die Welt zu fassen, damit wir weise Entscheidungen treffen können, die unseren Prinzipien und Zielen dienlich sind.

Ethik

Die Stoiker schufen ihre Ethik um die Vorstellung, dass Menschen rationale und soziale Wesen sind. Wir finden unser größtes Glück, wenn wir erfolgreich mit anderen Menschen interagieren. Stoiker zogen daraus die Schlussfolgerung, Geduld, Güte und Toleranz zu üben, auch wenn ihre Mitmenschen nicht dazu in der Lage waren. Stoizismus lehrt uns, mit den unterschiedlichsten Persönlichkeiten zurechtzukommen – selbst mit Zeitgenossen, die egoistisch, anstrengend oder auf andere Weise fehlgeleitet sind –, ohne unseren inneren Frieden und unsere Freiheit aufzugeben.

Physik

Im antiken Stoizismus bezog sich »Physik« auf die Beschäftigung mit der Natur und dem Kosmos. Die Stoiker glaubten, dass das Universum von einem göttlichen Geist (Pneuma) beseelt ist und die Menschen, Tiere, Pflanzen und Erde – alles unter der Sonne – an dieser göttlichen Kohäsion teilhaben.

Wer antike stoische Texte liest, stößt auf viele wunderbare und berührende Verweise auf die kosmische Natur. Manche moderne Stoiker teilen die antike Überzeugung, dass die Natur göttlich, rational und vorbestimmt ist. Andere Stoiker ziehen es vor, diese Passagen metaphorisch zu deuten und als Aussagen über die Verbundenheit aller Dinge zu lesen. Ob man nun die stoische Natur als göttlich deuten will oder nicht – es empfiehlt sich auf jeden Fall, ein Gefühl der Ehrfurcht, des Staunens und der Dankbarkeit zu kultivieren, das aus der Kontemplation der natürlichen Welt erwächst.

Die vier stoischen Kardinaltugenden

Was macht ein gutes Leben aus? Die Stoiker der Antike glaubten, dass *Tugend* oder innere Meisterschaft die Antwort auf diese Frage ist. Wenn wir uns darauf konzentrieren, unsere inneren Ressourcen zu entwickeln – unsere Einstellung, unseren Charakter und unsere moralischen Entscheidungen –, ermöglichen wir profunde, reiche und anhaltende Glückseligkeit. Ganz gleich, von welchem Wahnsinn wir umgeben sind, wir können durch tugendhaftes Handeln Frieden und Sinnhaftigkeit erlangen. Es kostet zwar Zeit und Anstrengung, sich diesem Ideal zu nähern, aber mit Geduld und harter Arbeit können wir dieses Ziel erreichen.

Tugend ist alles andere als langweilig oder restriktiv und stellt den Höhepunkt menschlicher Errungenschaft dar. Wir alle haben das Potenzial, das Beste in unserem Wesen zum Vorschein zu bringen, indem wir die vier Kardinaltugenden kultivieren.

Weisheit

Im Leben stehen wir immer wieder vor der Wahl, und die Weisheit hilft uns, Entscheidungen zu treffen, die unseren größten Ambitionen und Intentionen entsprechen. Die Weisheit zeigt uns, was wichtig ist, wofür es sich zu kämpfen lohnt und wann es besser ist, Abstand zu nehmen oder ganz loszulassen. Die Weisheit fordert von uns, die Dinge tiefer zu ergründen, oberflächliche Eindrücke zu durchschauen und unsere begrenzte Zeit und Energie auf bedeutsame Projekte zu richten.

Gerechtigkeit

Im stoischen Kontext bezieht sich Gerechtigkeit darauf, wie wir mit anderen Menschen umgehen. Behandeln wir sie mit Respekt und gehen wir mit gutem Beispiel voran? Begreifen wir, dass kein Mensch (auch wir selbst nicht) wichtiger ist als ein anderer? Wenn wir uns vom Grundsatz der Gerechtigkeit leiten lassen, sind unsere Einstellungen und Handlungen fair und unparteiisch, sogar großzügig, und bei Bedarf wohltätig. Gerechtigkeit hilft, die überreaktive, selbstzentrierte oder voreingenommene Komponente unserer Interaktionen zu beseitigen, wodurch wir unsere Aufmerksamkeit von uns weglenken und die kollektive menschliche Erfahrung in den Mittelpunkt stellen. Durch Stoizismus lernen wir, mehr Empathie für andere aufzubringen, von unseren engsten Freunden bis hin zu Fremden am anderen Ende der Welt.

Mut

Um stoischen Mut zu entwickeln, müssen wir Körper, Geist und Seele trainieren, damit sie Schwierigkeiten standhalten. Eine antike Quelle formuliert es folgendermaßen: »Mut betrifft Situationen, die Standhaftigkeit erfordern.« Sind wir fähig, Hindernisse zu überwinden, auch wenn es anstrengend ist? Können wir Mühsal überstehen, nötigenfalls anspruchsvolle Aufgaben übernehmen und zu unseren Überzeugungen stehen, wenn uns niemand zur Seite steht? Wenn wir uns diese Fragen stellen, fangen wir Stoikern zufolge an, ein mutiges Leben zu führen.

Mäßigung

Der Gedanke hinter der Mäßigung ist, unsere Impulse zu kontrollieren und sie nicht ausufern zu lassen. Wenn die Mäßigung uns leitet, lassen wir uns nicht von oberflächlichen Versuchungen (Sinneslust, Geld, Macht, Ruhm) verführen und bewegen uns auf innere Reichtümer zu, die ein langfristiges Wachstum ermöglichen (Selbstdisziplin und kunstreiche Geduld). Mäßigung bedeutet nicht, allen weltlichen Vergnügungen zu entsagen; es geht darum, sich umso mehr an den Dingen zu erfreuen, die wirklich wertvoll sind, beispielsweise ein moralischer und ehrenwerter Mensch zu sein.

Die Ursprünge des Stoizismus

Im antiken Griechenland war das klassische Athen (im 4. und 5. Jahrhundert v. Chr.) in intellektueller Hinsicht mit dem Wilden Westen vergleichbar, weil dort an jeder Straßenecke ein Philosoph stand, der seine Ideen über die Welt kundtat.

Philosophen trafen sich an öffentlichen Plätzen, um miteinander zu diskutieren und Gedanken auszutauschen, wodurch eine Kettenreaktion philosophischer Innovationen in Gang gesetzt wurde, die die nächsten Jahrhunderte prägen sollten. Um nur einige führende Persönlichkeiten zu nennen: Sokrates war der Lehrer von Platon, der wiederum der Lehrer von Aristoteles war, und jeder dieser Philosophen entwickelte mit der Zeit seine eigene Denkrichtung.

Auf diese Ära der Inspiration folgte der Hellenismus, eine Zeit, in der Philosophen sich darüber stritten, wie man am besten zu *eudaimonia* oder Glückseligkeit gelangte. Vor diesem Hintergrund der profunden Fragestellungen und öffentlichen Debatten formulierte Zenon von Kition um 300 v. Chr. die Doktrin des Stoizismus. Der Name ist auf die Stoa Poikile oder bunte Säulenhalle zurückzuführen, in der Zenon zu unterrichten pflegte.

Im Gegensatz zu seinen Zeitgenossen lehrte Zenon, dass Tugend notwendig und für das Glück ausreichend sei. Mit anderen Worten: Ungeachtet unserer materiellen Situation können wir mit einem tugendhaften Charakter ein befriedigendes Leben führen. Zenon war in Athen hochgeschätzt und scharte mit der Zeit viele treue Anhänger um sich. Obwohl kaum Originalschriften von Zenon vorliegen, waren Gelehrte in der Lage, aus der griechischen Stoa oder frühen stoischen Tradition seine Gedanken zu rekonstruieren, die uns als Vorlage dienen.

Was können wir aus diesem Rahmen schließen? Die Stoiker sind hinsichtlich ihrer Überzeugung einzigartig, dass ein guter Charakter alles ist, was wir brauchen, um ein gutes Leben zu führen. Dieser Pragmatismus sprach später die Römer an (die Griechenland besetzten), welche die stoischen Lehren übernahmen und diese Lebensweise befürworteten, was schließlich zum Aufstieg einiger der berühmtesten Stoiker führte, auf die wir uns heute beziehen.

Stoische Denker

Von Zenon bis Mark Aurel haben Stoiker stets versucht, ein tugendhaftes und ehrwürdiges Leben zu führen. Jene, die sich zum Stoizismus hingezogen fühlen, sind oft neugierig, engagiert, prinzipientreu und zutiefst pragmatisch, während sie gleichzeitig ihr eigenes Denken und Tun reflektieren. Ein gewisses Hintergrundwissen über die großen Stoiker der Antike vermittelt einen wichtigen Kontext für Teil II, in dem wir diese Prinzipien in der Praxis umsetzen werden. Werfen wir daher einen genaueren Blick auf die Entstehung des Stoizismus in Athen und seine geografische Verbreitung.

Der ursprüngliche stoische Geist

Zenon von Kition stammte von der Insel Zypern und war ein Kaufmann, der im griechischen Reich mit wertvollen Waren handelte. Der Geschichte zufolge ging Zenons Schiff unter, und er verlor alles. Verzweifelt und mittellos suchte er in Athen ein Buchgeschäft auf und entdeckte dort einen Band über das Leben des Sokrates. Fasziniert von der kühnen Philosophie des berühmten Weisen fragte er den Buchhändler: »Wo finde ich einen solchen Mann?« Der Buchhändler deutete auf einen vorbeigehenden Philosophen namens Krates und sagte: »Folge ihm.«

Wir können natürlich nicht genau wissen, wie Zenon zur Philosophie kam (obwohl diese Geschichte ein großartiger Gründungsmythos ist), aber es gilt als gesichert, dass er viele Jahre damit zubrachte, philosophische Schulen in und um Athen zu besuchen. Schließlich begann Zenon in der Nähe des Marktplatzes in der bunten Säulenhalle zu lehren und viele zu inspirieren.

Zenons philosophisches Vermächtnis kann mit diesem prägnanten Lebensziel zusammengefasst werden: »Lebe im Einklang mit der Natur.«

Die stoische Schule, die er gründete, machte große Fortschritte in Gebieten wie der Aussagenlogik (die Ihr Computer heute noch benutzt) und der Psychologie (die *Sie* heute noch benutzen). Als Zenon starb, wurde er von den Athenern mit einem öffentlichen Grabmal und einer Inschrift geehrt, die seine Leistungen für ihre Stadt würdigte.

Die nächste Welle der Stoiker

Nach Zenon ging die Führung der Stoa an Kleanthes von Assos über. Kleanthes war in seiner Jugend ein Faustkämpfer gewesen, und er finanzierte seine philosophische Ausbildung durch seine Arbeit als Wasserträger. Kleanthes war für seine Frömmigkeit bekannt und leitete die Schule, während die »Anhänger der Säulenhalle« darüber diskutierten, wie Zenons Lehren zu deuten und anzuwenden waren.

Als Nächstes kam Chrysippos von Soloi, der Abhandlungen oder philosophische Essays verfasste und die Positionen der Schule zur Epistemologie, Physik und Logik formalisierte. Chrysippos systematisierte die Logik des Stoizismus, wie wir sie heute kennen. Er war so genial und einflussreich, dass ein späterer Historiker folgende Äußerung machte: »Ohne Chrysippos hätte es keine Stoa gegeben.«

Die stoische Schule wurde bis zur römischen Übernahme von einer Reihe von Gelehrten geleitet, bevor sie schließlich als offizielle Institution aufgelöst wurde. Aber der Stoizismus erfreute sich nach wie vor großer Beliebtheit und gewann in der römischen Kaiserzeit wieder an Bedeutung. Stoiker wie Hekaton von Rhodos verfassten weiterhin Schriften, während andere Philosophen wie Musonius Rufus lehrten, unterwiesen und durch Stoizismus die regierenden Machthaber beeinflussten.

Die meisten antiken stoischen Schriften, die wir heute kennen, stammen aus der römischen Kaiserzeit. Die Schriften von Seneca, Epiktet und Mark Aurel, die uns vorliegen, sind keine akademischen Abhandlungen, sondern persönliche Briefe, Tagebucheinträge und Reden. Es sind die Worte echter Menschen, die sich mit echten lebensweltlichen Problemen konfrontiert sahen.

Seneca und Epiktet

Seneca – wohlhabender Staatsmann, Dramatiker und Privatlehrer des jungen Kaisers Nero – wurde am Kaiserhof Zeuge der unterschiedlichsten menschlichen Schwächen. Bevor Nero volljährig wurde, half ihm Seneca erfolgreich, die Geschicke des römischen Kaiserreichs zu lenken. Aber selbst ein Stoiker konnte Nero nicht lange im Zaum halten. Neros Gewalttätigkeit zeigte sich sehr eindrücklich, als er politische Gegner hinrichtete, seine eigene Mutter ermorden ließ und seinen Hang zu ungewöhnlicher Grausamkeit hemmungslos auslebte, die Freund und Feind gleichermaßen traf.

Nero wurde Senecas Einfluss schließlich überdrüssig und befahl ihm den Freitod. Seneca gelang ein spektakulärer philosophischer Abgang und er diskutierte mit seinen Freunden über die Tugend, während er seine verzweifelte Frau davon abhielt, ihm ins Grab zu folgen. Bedauerlicherweise nahm sein Ruf Schaden, weil er einige Untaten des Nero scheinbar gleichmütig hinnahm. Heute gilt Seneca als einer der komplexesten (oder ambivalentesten) Stoiker der Antike.

Ungeachtet seiner Schwächen zählen Senecas Schriften zu den besten Quellen für antike stoische Ratschläge. Seneca sprach in Theaterstücken, Abhandlungen und Briefen über universelle Probleme: Wut, Geld, Freundschaft und Vergänglichkeit. In Senecas Schriften erblicken wir uns selbst – nicht makellos, aber stets um Entwicklung bemüht.

Im Gegensatz dazu war Epiktet der weise Lehrer, der fernab der funkelnden Machtmetropole Rom ein einfaches Leben führte. Trotz seiner Sklavenherkunft konnte er bei Musonius Rufus stoische Philosophie lernen. Als ihm schließlich die Freiheit gewährt wurde, gründete er seine eigene philosophische Schule. Obwohl er keine eigenen Schriften hinterließ, brachte sein Schüler Arrian Mitschriften der Diskussionen mit Epiktet in Umlauf. Diese Aufzeichnungen (die als *Unterredungen* und *Handbüchlein der Moral* bekannt wurden) wurden berühmt und sind alles, was heute von seinen Lehren übrig geblieben ist.

Aus den Unterredungen wird ersichtlich, warum Epiktet von so vielen bewundert wurde: Sein geradliniger Unterricht verwies aufgeblasene

Egos in ihre Schranken und setzte seine Schüler auf einen klareren Pfad zur Weisheit. Er konnte über sich selbst lachen, wetterte über Heuchler und verschrieb sich der Erforschung der inneren Freiheit. Sein Geist hatte eine nachhaltige Wirkung auf alle, die sich nach ihm dem Stoizismus widmeten, darunter auch der berühmte Philosoph und Kaiser Mark Aurel.

Mark Aurel

Mark Aurel ist der Höhepunkt antiker politischer Macht und ein beliebter philosophischer Einfluss. Als römischer Kaiser war er der mächtigste Mann der Welt und hatte gewaltige Reichtümer und Heerscharen von Soldaten zu seiner Verfügung. Trotzdem bemühte er sich darum, das Leben eines Philosophen zu führen. Er traf weise politische Entscheidungen, ging sorgsam mit anderen um, zügelte sein Verlangen nach Luxusgütern und bereitete sich am Ende seines Lebens gleichmütig auf den Tod vor. Mark haderte mit der Untreue seiner Mitmenschen, widmete sein Leben aber dem Volk.

Und wie jeder andere Mensch führte Mark ein Leben mit Siegen und Niederlagen. Viele seiner Kinder starben im Säuglingsalter; er musste sich ständig mit Invasionen von Barbaren und bewaffneten Aufständen auseinandersetzen; und er durchlebte eine der schlimmsten Seuchen in der Geschichte Europas. Er schrieb einen Teil seiner *Selbstbetrachtungen* – ein privates philosophisches Tagebuch – während eines schwierigen Feldzugs.

Durch diese persönlichen Aufzeichnungen fand Mark Trost in der Wiederholung und Bestätigung seiner stoischen Prinzipien. Seine poetische Sensibilität und philosophische Entschlossenheit haben Generationen von Herrschern und Denkern inspiriert und die *Selbstbetrachtungen* zu einem der meistgelesenen Bücher aller Zeiten gemacht.

Stoizismus – eine Philosophie für alle

Im alten Griechenland und Rom durften sich viele Bevölkerungsgruppen – Frauen, Sklaven und Mittellose – nicht an philosophischen Diskussionen beteiligen. Mehr noch, sie wurden aus der Politik ausgeschlossen und gesellschaftlich missbraucht. Entrechtete wurden nur dann eingeladen, wenn wohlhabende Männer ihnen Zugang gewährten.

Historiker glauben, dass der Stoizismus durch diese kulturellen Gepflogenheiten zwar eingeschränkt wurde, aber trotzdem inklusiver war als andere philosophische Lehren jener Zeit. Viele frühe Stoiker glaubten, dass alle Menschen tugendhaft leben konnten, also auch Arme oder politisch Unterdrückte. (Schließlich war der große stoische Gelehrte Epiktet ein ehemaliger Sklave.) Viele Stoiker sprachen sich sogar öffentlich dafür aus, Frauen das Studium der Philosophie zu gestatten.

Während es heute einen schalen Beigeschmack hat, solche Einschränkungen lobend hervorzuheben, geht es bei der Erforschung der Geschichte des Stoizismus (und der Geschichte im Allgemeinen) darum, diese beklagenswerten Wahrheiten zu hinterfragen. Es kann schwierig – und sogar sehr frustrierend – sein, antike kulturelle Praktiken in ihrem zeitgenössischen Kontext zu betrachten. Als Frau, die damals vermutlich nicht an stoischen Diskussionen hätte teilnehmen dürfen, bin ich trotzdem davon überzeugt, immer noch viel von dieser sehr introspektiven Philosophie lernen zu können, die seit über 2000 Jahren Menschen verschiedenster Herkunft Orientierung bietet. Ein Großteil der Welt teilt diese Meinung.

Die stoische Philosophie ist nicht auf eine kulturelle Gruppe oder Lebenserfahrung beschränkt. Heute wird sie weltweit von den unterschiedlichsten Menschen praktiziert. Es gibt auf sechs Kontinenten, in Dutzenden von Ländern und vielen Sprachen, aufstrebende stoische Gemeinden. Der Stoizismus spricht eine universelle menschliche Erfahrung an und gibt *uns allen* das Rüstzeug, mit größerer Intention, Zielrichtung und Akzeptanz zu leben.

Wenn wir den Stoizismus an unsere Zeit anpassen und modernisieren, finden wir Tugend, Wahrheit, Fortschritt und das Potenzial, unser höchstes menschliches Wesen zu kultivieren. Deswegen lerne und lehre ich weiterhin den Stoizismus mit einigen Modifikationen. Um die stoischen Originaltexte universeller zu machen, ersetze ich beim Lesen gedanklich die Pronomen. Wir haben die Texte angepasst, damit sie inklusiver sind. Ganz gleich, welche Vergangenheit oder welchen Hintergrund Sie haben, ich ermuntere Sie dazu, Ihre eigene Methode zu entwickeln, um den Stoizismus auf Ihren Alltag anzuwenden.

Stoisches Schlaglicht

Die Frau mit dem vielleicht größten Einfluss auf die Rezeption des Stoizismus war Elizabeth Carter, die für die erste englische Übersetzung von Epiktets Unterredungen verantwortlich zeichnete. Carter war eine Schriftstellerin, die sich mehrere Sprachen autodidaktisch beigebracht hatte und für ihr Selbstbewusstsein und ihre Gelehrtheit bekannt war. Im England des 18. Jahrhunderts, als von Frauen erwartet wurde, früh zu heiraten und für den Rest des Lebens einen Haushalt zu führen, lehnte Carter zahlreiche Eheangebote ab, um eine international angesehene Gelehrte zu werden.

Carter wurde von bekannten zeitgenössischen Literaten wie Samuel Johnson geschätzt, der das erste umfassende englische Wörterbuch verfasste, und war mit anderen weiblichen Intellektuellen der damaligen Zeit befreundet. Ihre Übersetzungen der Unterredungen und des Handbüchleins der Moral blieben für ein Jahrhundert englische Standardwerke. Obwohl sich Elizabeth Carter nicht selbst als Stoikerin bezeichnete, verkörperte sie die Weisheit, das Wissen und die Charakterstärke großer Stoiker.

Teil II

Die stoische Lebensweise

Willkommen zum Journaling-Abschnitt dieser Erfahrung (mit anderen Worten: zu Ihrer inneren Arbeit). Für jede Lektion oder jeden Tag gibt es ein Zitat, das von einem antiken Stoiker stammt, eine kurze Reflexion des Zitats und mehrere Fragen, die als Schreibimpulse dienen und Ihnen helfen sollen, sich Ihre eigenen Gedanken über das Gelesene zu machen. *Sie können eine oder auch alle Fragen beantworten.* Wenn Sie sich jetzt auf eine Frage festlegen, können Sie die anderen immer noch zu einem späteren Zeitpunkt beantworten, wenn Sie wieder Tagebuch schreiben möchten.

Planen Sie mindestens 10 bis 15 Minuten zum Nachdenken ein und versuchen Sie, jedes Mal etwas zu Papier zu bringen (auch wenn es nicht viel ist), wenn Sie mit dem Tagebuch arbeiten. Es ist in Ordnung, wenn Sie eine Pause einlegen müssen, aber kehren Sie möglichst bald wieder zu Ihrer Schreibroutine zurück. Je ernster Sie Ihre Übung nehmen und je länger Sie diese umsetzen, umso wahrscheinlicher werden Sie Ihr Tun an Ihren Werten ausrichten, auf jegliche Beurteilungen verzichten und ein Leben in innerer Ausgeglichenheit führen.

Kurs A

Die Prüfung des inneren Kritikers

In den ersten 30 Tagen werden wir unseren Fokus auf die Beziehung richten, die Sie mit sich *selbst* haben. Sie werden anfangen, Ihr Bewusstsein für Ihre Gedanken zu schärfen, sich von der Gewohnheit lösen, Menschen und Dinge zu bewerten, und damit aufhören, sich ständig selbst zu kritisieren. Sie werden lernen, mitfühlender mit sich selbst umzugehen, sich in Demut üben und es vermeiden, sich von den Meinungen anderer abhängig zu machen.

Es ist nicht nötig, beide Tagesfragen zu beantworten: Wählen Sie den Schreibimpuls, der Sie näher an das erwünschte Ziel bringt. Vielleicht ist es die Frage, die Sie stärker provoziert und aus Ihrer Komfortzone bringt. Am Ende der 30 Tage werden Sie verstehen, wie geistige Klarheit und Selbstachtung zu mehr Selbstakzeptanz und innerem Frieden führen.

Tag 1: Sich geistig öffnen

Welche Hauptaufgabe hat man, wenn man Philosophie betreibt? Sich von dem Gedanken zu lösen, dass man etwas weiß; es ist nämlich unmöglich, einen Menschen dazu zu bringen, das zu lernen, was er bereits zu wissen glaubt.

Epiktet, *Unterredungen*, 2.17, 1

Wenn wir ein gutes Leben führen wollen, müssen wir Epiktet zufolge die Welt klar sehen, mit frischen Augen. Wir lernen, unsere Annahmen kritisch zu betrachten und uns zu fragen, ob unsere gewohnheitsmäßigen Denkprozesse gesund und zutreffend sind. Unsere größte Stärke ist dabei ein offener Geist. Wenn wir bereit sind, uns selbst und die Welt neu zu entdecken, werden wir auch neue Entdeckungen machen.

1. Welche alten geistigen Gewohnheiten sind Ihnen nicht mehr dienlich? (Haben Sie die Gewohnheit, schlecht über sich selbst zu reden? Neigen Sie dazu, bestimmten Gedanken oder Gefühlen auszuweichen?)
2. Nennen Sie drei geistige Gewohnheiten, die Sie verändern möchten.

Tag 2: Wahrheitssuche

Wenn jemand in der Lage ist, mich zu überzeugen und mir zu zeigen, dass ich falsch denke oder handle, bin ich gern bereit, mich zu ändern; denn ich strebe nach der Wahrheit, die noch niemanden verletzt hat. Verletzt sind aber jene, die in ihrem Irrtum und ihrer Unwissenheit verweilen.

Mark Aurel, *Selbstbetrachtungen,* 6.21

Mark Aurel erinnert uns daran, die Wahrheit so zu schätzen, dass wir unseren Geist – und unser Verhalten – nötigenfalls verändern. Manchmal schmerzt diese Wahrheit, und das ist vor allem dann der Fall, wenn wir etwas Unliebsames über uns selbst in Erfahrung bringen. Aber letztlich ermöglicht uns dieses Unbehagen Wachstum und Fortschritt. Wenn wir uns selbst und unsere Welt so objektiv wie möglich betrachten, entwickeln wir den Stoikern zufolge Weisheit, Verständnis und Selbstvertrauen.

1. Ist Ihnen die Wahrheit wichtig? Warum (nicht)? Ziehen Sie Glücklichsein und Ahnungslosigkeit einer schwierigen Wahrheit vor?
2. Glauben Sie, dass Ihr Ego an der Vorstellung hängen könnte, »im Recht zu sein«? Was wäre, wenn Sie Ihr Bedürfnis aufgeben könnten, immer recht haben zu müssen? Inwiefern hätten Sie dann die Freiheit, neue Gedanken zu erforschen, Fehler zu machen, aus ihnen zu lernen und sich weiterzuentwickeln?

Tag 3: Stillen Mut finden

Wenn die Menschen wüssten, was Tapferkeit ist, wüssten sie genau, wie man sich als tapferer Mensch verhalten sollte. Denn Tapferkeit ist keine gedankenlose Impulsivität, Tollkühnheit oder die Lust nach Furcht einflößenden Dingen; sie ist das Wissen, das uns ermöglicht, zwischen Gut und Böse zu unterscheiden.

Seneca, *Briefe an Lucilius*, 85.28

Die Stoiker erinnern uns daran, dass Mut weit mehr ist als der Adrenalinschub, der uns berauscht, wenn wir uns körperlich einer Gefahr aussetzen. Seneca definiert Mut als rechtes Handeln auch unter schwierigen Bedingungen. Wenn man sich seinen Ängsten stellt, zu seinen Überzeugungen steht oder seinen Blick nach innen richtet, um seine Zweifel zu konfrontieren, handelt man mutig. Manchmal sind die stillsten Taten die mutigsten.

1. Beschreiben Sie eine Situation, in der Sie stillen Mut bewiesen. Was motivierte Sie in dieser Situation zu Ihrer Tapferkeit?
2. In welcher Hinsicht kann Ihnen Mut helfen, Ihren Blick auf sich selbst zu richten? Wofür brauchen Sie in diesem Augenblick Mut?

Tag 4: Unser wahres Wesen

Und was ist unser Wesen? Als freie Menschen zu handeln, edel und voller Selbstachtung.

Epiktet, *Unterredungen*, 3.7, 26

Epiktet bringt es auf den Punkt: Wir alle – und damit auch Sie – verdienen Würde und Achtung. Menschen sind neugierig, fürsorglich, rational und sozial. Sie sind auch chaotisch, komplex und voller Potenzial. Hier betrachten wir die Beziehung zwischen innerer Freiheit und Selbstachtung – den Kern dessen, wer man ist.

1. Was schränkt Ihre Selbstachtung ein? Zählen Sie fünf Arten auf, mitfühlender mit sich selbst umzugehen. Wie könnte sich diese Güte äußerlich bemerkbar machen?
2. Unter der Selbstkritik liegt Ihr wahres Wesen. Worüber denkt diese Person nach? Wie verhält sie sich, wie kümmert sie sich um sich selbst? Nennen Sie zwei Arten, wie Sie anfangen könnten, zu Hause, beruflich oder in Ihren Beziehungen Ihr wahres Selbst zu sein.

Tag 5: Unser innerer Kompass

Wir müssen uns als Ziel das höchste Gut vor Augen führen, nach dem wir streben und auf das sich alle unsere Taten und Worte beziehen können – so wie Matrosen ihren Kurs an einem Leitstern ausrichten müssen. Ein Leben ohne Ideale ist unstet.

Seneca, *Briefe an Lucilius*, 95.45–46

Seneca sagt uns, dass wir genau über unsere Lebensziele nachdenken sollten, statt orientierungslos oder auf Autopilot durchs Leben zu treiben. Wohin wollen Sie gehen und warum? Wenn Sie Ihr Ziel kennen, wird jeder Schritt auf der Reise bedeutsamer werden.

1. Stellen Sie sich vor, Sie sind zehn Jahre in der Zukunft und blicken auf heute zurück. Zählen Sie drei Aspirationen auf, auf die Ihr künftiges Selbst stolz wäre.
2. Entwickeln Sie drei konkrete übergeordnete Ziele, die zu diesen Aspirationen führen. Welche Abläufe und Gewohnheiten können Sie entwickeln, um diese Ziele und Hoffnungen zu realisieren? Zählen Sie zwei Dinge auf, die Sie diese Woche tun können, um jedem genannten Ziel näherzukommen.

Tag 6: Das Unwesentliche herausfiltern

Tu das, was notwendig ist, und was die Vernunft des von Natur aus sozialen Tieres erfordert, und wie sie es erfordert. Denn das bringt nicht nur die Gelassenheit, die aus gutem Tun erwächst, sondern auch die, die aus wenig Tun erwächst.

Mark Aurel, *Selbstbetrachtungen*, 4.24

Mark Aurel erinnert uns daran, sorgfältig und kritisch über wichtige Dinge nachzudenken. Das Ziel ist die Entwicklung der Gewohnheit, uns selbst die Frage zu stellen: »Ist das wirklich nötig?« Dies gilt in Bezug auf Entscheidungen, wohin wir gehen, was wir tun und mit wem wir Zeit verbringen. Wenn wir unnötige Ablenkungen herausfiltern, schaffen wir Raum für Reflexion, Sinn und Erfüllung.

1. Erstellen Sie eine Liste mit Aufgaben und Aktivitäten, die Sie an einem normalen Tag erledigen. Gehen Sie anschließend die Liste durch und überlegen Sie sich genau, wie wichtig oder bedeutsam jede Aktivität ist. Können Sie einen oder mehrere Punkte aus Ihrem Leben streichen? Falls ja, lassen Sie sie weg. Durch welches motivierende Projekt oder übergeordnete Ziel möchten Sie sie ersetzen?
2. Wie können Sie dafür sorgen, dass sich unbedeutsame Aktivitäten nicht wieder in Ihren Alltag einschleichen? Welche mentalen Filter könnten Sie anwenden? Entwickeln

Sie ein Mantra – einen einfachen Satz – den Sie wiederholen können, um sich selbst daran zu erinnern, achtlose oder schädliche Gewohnheiten abzulegen.

Tag 7: Unsere Essenz achten

Da es also unvermeidlich ist, dass jeder Mensch, wer er auch sein mag, jede Sache nach der Meinung behandelt, die er über sie bildet, hegt die kleine Schar, die denkt, durch ihre Geburt zu Treue, Selbstachtung und einem unbestechlichen Urteil in der Anwendung äußerer Eindrücke berufen zu sein, keine niederträchtigen oder ehrlosen Gedanken über sich selbst, während die breite Masse das Gegenteil tut.

Epiktet, *Unterredungen*, 1.3, 4

Wagen wir den Sprung oder bleiben wir zögerlich, wenn sich eine Gelegenheit zur Weiterentwicklung bietet? Epiktet sagt, dass unser Selbstbild unsere Entscheidungen maßgeblich prägt. Wenn wir die Entscheidung treffen, souverän, beherzt und mit Selbstachtung zu handeln, werden wir (fast) jeder Situation gewachsen sein.

1. Gehen Sie jemals hart oder überkritisch mit sich ins Gericht? Schreiben Sie auf, was dann durch Ihren Kopf geht.
2. Was wäre, wenn sich objektiv nachweisen ließe, dass diese harten Gedanken unwahr sind? Was würde geschehen, wenn Sie sich von anderen, nützlicheren Gedanken leiten lassen würden? Schreiben Sie jeden abschätzigen Gedanken um und nehmen Sie eine neue, positivere Haltung ein. Nennen Sie eine Entscheidung, die Sie heute treffen können, um Ihr negatives Selbstbild zu verändern und sich selbst in einem wohlwollenden, positiveren Licht zu sehen.

Tag 8: Ein zweiter Blick auf Wertungen

Bedenke, dass alles Meinung ist, und diese Meinung liegt in deiner Macht. Schaffe diese Meinung also aus dem Weg, sofern du das möchtest, und wie ein Seefahrer, der ein Kap umrundet, wirst du in eine windstille, ruhige Bucht einfahren.

Mark Aurel, *Selbstbetrachtungen*, 12.22

Ein vorschnelles Urteil über eine Situation, Person oder uns selbst ist keine objektive Wahrheit. Sie ist eine Meinung – eine Geschichte, die wir uns über eine Situation erzählen und was wir darauf projizieren. Manchmal hilft uns diese Geschichte, die Welt zu begreifen, manchmal verschlimmert sie die Dinge aber. Mark Aurel erinnert uns daran, dass wir dem Sturm unserer Gefühle entfliehen, wenn wir auf unsere negative Beurteilung verzichten.

1. Erinnern Sie sich an eine Situation, in der Sie ein vorschnelles Urteil trafen: als Sie (a) eine neue Bekanntschaft machten; (b) zu einem Vorstellungsgespräch gingen; (c) sich mit einem Freund oder Ihrem Partner stritten. Denken Sie an die jeweilige Situation und prüfen Sie jede Beurteilung genau. Entsprechen sie der Wahrheit oder handelt es sich vielmehr um Meinungen? Könnte etwas anderes wahr sein?
2. Wie könnte Ihnen das Hinterfragen Ihrer Beurteilungen helfen, sich innerlich zu entspannen und effektiver zu

interagieren? Schreiben Sie eine Beurteilung auf, von der Sie sich verabschieden möchten. Lassen Sie sie mindestens 30 Sekunden auf sich wirken. Wie fühlen Sie sich jetzt?

Tag 9: Zwischen Reiz und Reaktion

Wenn du dich an einer äußeren Sache störst, dann ist es nicht die Sache, die dich stört, sondern dein Urteil darüber. Und es liegt in deiner Macht, dieses Urteil sofort zu tilgen. Wenn dir aber etwas in deinem eigenen Inneren Unmut bereitet, wer hält dich davon ab, deine Meinung zu berichtigen?

Mark Aurel, *Selbstbetrachtungen*, 8.47

Mark Aurel fragt: »Wer hält dich davon ab, deine Meinung zu berichtigen?« (Kleiner Hinweis: Wir sind es selbst.) Wenn wir unseren negativen Gefühlen auf den Grund gehen, erkennen wir einen Spalt zwischen einem negativen Reiz (was geschah) und unserer emotionalen Reaktion (wie wir uns deswegen fühlen). Er erinnert uns, dass Macht daraus erwächst, einen äußeren Reiz nicht zu bewerten und zu erkennen, dass nicht der Reiz unsere Gedanken kontrolliert, sondern wir selbst.

1. Nennen Sie die letzten negativen Emotionen, die Sie wahrnahmen. Was war der Auslöser? Wie beurteilten Sie die Situation? Wann stieg Ihr Unmut auf? Vergrößern Sie nun den Spalt zwischen dem negativen Reiz und Ihrer emotionalen Reaktion. Entstand ein Freiraum, in dem Sie Ihr Urteil verändern konnten, etwas »Schlimmes« sei geschehen?

2. Sie wachen mit schlechter Laune auf. Probieren Sie ein anderes Denkmuster aus, das größer oder nachsichtiger ist. Wie beeinflusst dieses Denkmuster Ihre Handlungen?

Tag 10: Freundschaft mit sich selbst schließen

Heute haben mir diese Worte in den Schriften des Hekaton Freude bereitet: »Du fragst nach meinem Fortschritt? Ich habe angefangen, mir selbst ein Freund zu sein.« Das war durchaus ein großer Gewinn; denn so jemand kann nie allein sein. Du kannst dir sicher sein, dass ein solcher Zeitgenosse ein Freund der gesamten Menschheit ist.

Seneca, *Briefe an Lucilius*, 6.7

Seneca erinnert uns daran, dass der erste Schritt auf dem Weg, anderen Menschen ein wahrer Freund zu sein, darin besteht, sich selbst ein wahrer Freund zu sein. Wenn man an sich glaubt und in sich ruht, ist man weniger von äußerer Bestätigung abhängig und schafft auf diese Weise Raum, andere so zu akzeptieren, wie sie sind. Wir können uns hohe Ansprüche setzen und trotzdem Mitgefühl für uns aufbringen, wenn wir oder andere Probleme haben, diese zu erfüllen.

1. Behandeln Sie sich selbst so, wie Sie Ihre Freunde behandeln? Stellen Sie sich vor einen Spiegel und zählen Sie fünf Charaktereigenschaften auf, auf die Sie stolz sind.
2. Nennen Sie einen Bereich, in dem Sie zur Selbstkritik neigen. Schreiben Sie eine Nachricht an sich selbst – so wie Sie einem Freund oder einer Freundin eine Nachricht schreiben würden – und äußern Sie Ihr Mitgefühl und Ihren Zuspruch.

Tag 10: Freundschaft mit sich selbst schließen

Tag 11: Werte festigen

Wenn es nicht richtig ist, tu's nicht: wenn es nicht wahr ist, sag's nicht.

Mark Aurel, *Selbstbetrachtungen*, 12.17

Mark Aurel bringt die Beziehung zwischen Werten und Tun auf den Punkt. Wenn wir innere Qualitäten wie Intentionalität und Akzeptanz schätzen, werden unsere Impulse und Handlungen diese Ideale widerspiegeln. Ein Leben im Einklang mit unseren Werten bedeutet nicht, vollkommen zu sein oder ein Leben zu führen, das frei von Begehren ist. Es geht vielmehr darum, die Beziehung zwischen unseren Werten und Impulsen zu festigen, damit unsere Handlungen unseren Wunsch nach Güte widerspiegeln.

1. Versuchen Sie nicht, Ihre Impulse zu unterdrücken, sondern richten Sie sie vielmehr auf Ziele, die Ihnen ehrwürdig erscheinen. Welche Ziele haben Ihre Energie verdient? Welche Werte bringen sie zum Ausdruck? Identifizieren Sie nun drei oder vier Impulse, die diese Ziele unterstützen können.
2. Was können Sie sich selbst sagen, um wieder auf Kurs zu kommen, wenn Sie einen inneren Konflikt spüren? Schreiben Sie ein kurzes Mantra, das Sie sich einprägen und aufsagen können, wenn Sie Gefahr laufen, Ihre Werte zu kompromittieren.

Tag 12: Das Nervensystem beruhigen

Das wichtigste Anzeichen für einen geordneten Geist ist, nach meinem Dafürhalten, die Fähigkeit, an einem Ort zu bleiben und in seiner eigenen Gesellschaft zu verweilen.

Seneca, *Briefe an Lucilius*, 2.1

Der ständige Strom an Nachrichten, Unterhaltungsangeboten, beruflichen Verpflichtungen und sozialen Medien lässt unser Nervensystem auf Hochtouren laufen. Unser Gehirn befindet sich in einem chronischen Alarmzustand und reagiert auf unmittelbare Bedrohungen und Belohnungen. Es ist kein Wunder, dass wir uns nicht entspannen können. Seneca lehrt uns, Frieden zu finden, indem wir uns von unserer Umgebung entkoppeln und Zeit mit uns selbst verbringen. Wenn man einen Gang herunterschaltet und sich selbst kennenlernt, wird man sich seiner Empfindungen und Gedanken sehr bewusst. Man beginnt, seine Wahrnehmung der Welt wahrhaftig zu schätzen.

1. Schalten Sie Ihre mobilen Endgeräte stumm und verwahren Sie sie in einen anderen Raum. Stellen Sie einen Timer auf 15 Minuten und besinnen Sie sich auf sich selbst. Was merken Sie an sich selbst, wenn Sie nicht von Handy, Tablet und Co. umgeben sind? Was tut Ihr Geist? Wie fühlt sich diese Erfahrung an?

2. Wenn Sie jeden Tag 15 Minuten damit verbringen, sich selbst Gesellschaft zu leisten, was würden Sie Ihrer Meinung nach über sich selbst erfahren?

Tag 13: Kampf mit der inneren Unruhe

Der Mensch, der du bist, ist wichtiger als der Ort, den du aufsuchst ... Es ist aber so, dass du keine Reise unternimmst, sondern treibst und getrieben wirst, du ersetzt den einen Ort durch einen anderen, obwohl das, wonach du strebst – ein gutes Leben – überall zu finden ist.

Seneca, *Briefe an Lucilius*, 28.4–5

Seneca sagt uns, dass das Geheimnis eines gelassenen und zufriedenen Geistes darin besteht, sich daran zu erfreuen, wer und wo man in diesem Augenblick ist. Es ist einfach, sich von neuen Menschen, Orten und Dingen begeistern zu lassen. Wer verschmäht schon den Nervenkitzel neuer Abenteuer? Aber wenn wir mit dem, was wir heute haben, unzufrieden sind, riskieren wir, nach immer mehr zu streben – und niemals Erfüllung zu finden.

1. Werfen Sie einen genaueren Blick darauf, was Ihre Bedürfnisse befriedigt, indem Sie fünf Dinge aufschreiben, die Sie im Augenblick in Ihrem Leben schätzen. Das können so einfache Dinge sein wie die Tasse Kaffee am Morgen.
2. Teilen Sie Senecas Vorstellung, dass Sie Ihren Geist und nicht Ihren Aufenthaltsort verändern sollten, um ein gutes Leben zu führen? Warum (nicht)?

Tag 13: Kampf mit der inneren Unruhe

Tag 14: Ein genauerer Blick auf die eigenen Gaben

Um aber das Rationale und das Irrationale zu bestimmen, gebrauchen wir nicht nur unsere Einschätzung des Wertes der äußeren Dinge, sondern tragen auch dem Kriterium Rechnung, im Einklang mit dem eigenen Charakter zu sein.

Epiktet, *Unterredungen*, 1.2, 7

Jeder von uns hat seine eigenen Persönlichkeitsmerkmale, Lebenserfahrungen und Umstände. Das bedeutet, dass wir unterschiedliche Bedürfnisse und Wünsche haben. Epiktet war der Überzeugung, dass das Wissen um seine Begabungen, Vorlieben und Neigungen hilft, sich selbst treu zu bleiben – und anderen gegenüber Mitgefühl aufzubringen.

1. Was ist Ihre größte Gabe? Was haben Sie der Welt zu bieten? Das können große oder kleine Dinge sein. Seien Sie ehrlich mit sich selbst. Wenn Ihnen nichts einfällt, könnten Sie einen Familienangehörigen oder Mentor nach seiner wohlwollenden Perspektive fragen.
2. Was hat Selbsterkenntnis mit Leidenschaft zu tun? Denken Sie an eine Eigenschaft oder Besonderheit, die Sie haben und deren Wahrheitsgehalt unzweifelhaft ist. Wie hat diese Wahrheit Ihre Lebensziele und -wünsche beeinflusst?

Tag 15: Kennen wir uns?

Wer einem anderen unvoreingenommen begegnet, lernt dessen Urteile zu verstehen und bringt zugleich seine eigenen zum Ausdruck. Lerne meine Urteile kennen; zeig mir die deinen, und sag mir erst dann, dass du mir begegnet bist.

Epiktet, *Unterredungen*, 3.9, 12–13

Statt den Reichtum, beruflichen Erfolg oder sozialen Status eines Menschen zu sehen, sollten Sie seine Werte und Entscheidungen auf den Prüfstand stellen. Wie geht er mit seinen Mitmenschen um? Wie reagiert er auf Enttäuschungen? Durch die Beobachtung seiner Entscheidungen können Sie ihn auf einer tieferen Ebene kennenlernen – und über Ihre eigenen Muster reflektieren.

1. Denken Sie an eine Person, die Sie mögen und achten. Ziehen Sie ihre äußersten Schichten (Aussehen, Alter, Beruf und so weiter) ab und denken Sie an ihren Charakter. Was ist dieser Person im Leben wichtig? Welche Charaktereigenschaften sprechen Sie an? Was sagt diese Gewichtung über Sie aus?
2. Umgeben Sie sich mit Menschen, die einen guten Charakter haben? Auf welche Merkmale achten Sie? Welche Verhaltensweisen finden Sie anziehend und warum?

Tag 15: Kennen wir uns?

Tag 16: Vom Feind zum Freund

> Wenn dich jemand tadelt oder hasst, oder wenn andere schlecht über dich reden, dann gehe auf diese armen Seelen zu, durchdringe sie und ergründe ihr Wesen. Du wirst feststellen, dass es keinen Grund gibt, dich zu ärgern, dass sie diese oder jene Meinung über dich haben. Sei ihnen jedoch wohlgesonnen, denn sie sind von Natur aus Freunde.
>
> Mark Aurel, *Selbstbetrachtungen*, 9.27

Dieses Zitat von Mark Aurel erinnert uns: Wenn wir uns nicht mehr von der Meinung anderer abhängig machen, schaffen wir genügend Raum, um ihre Menschlichkeit zu sehen. Indem wir ihre Meinungen beobachten, ohne uns emotional an sie zu klammern (wenn wir ihre Worte nicht persönlich nehmen), entledigen wir uns der Bürde des fremden Urteils. Wir entkräften die damit verbundene Negativität und schaffen im besten Fall so viel Raum, dass wir die Person verstehen – vielleicht gelingt es uns sogar, Freundschaft mit ihr zu schließen.

1. Denken Sie an das letzte Mal, als es Sie schmerzlich traf, von jemandem kritisiert oder abgelehnt zu werden. Warum war Ihnen die Zustimmung dieser Person so wichtig? Versuchen Sie über den Charakter, die Motivation und die Urteile dieser Person zu reflektieren. Können Sie sich mit dieser neuen Perspektive von Ihrem Urteil lösen?
2. Schreiben Sie ein Gespräch zwischen zwei Leuten, die unterschiedlicher Meinung sind. Entwerfen Sie eine Ver-

sion, in der der Streit eskaliert. Schreiben Sie eine zweite Fassung, in der der Konflikt deeskaliert. Welche Unterschiede stellen Sie in Bezug auf die Wortwahl und den (imaginierten) Tonfall fest?

Tag 17: Die innere Festung

Achte auf deine Sinneseindrücke und wache schlaflos über sie. Denn es ist keine Kleinigkeit, die du bewachst, sondern Selbstachtung und Treue und Beständigkeit, ein Geisteszustand, der nicht durch Leidenschaft, Schmerz, Angst oder Verwirrung beeinträchtigt wird – mit einem Wort, Freiheit. Wofür willst du *diese* Dinge aufs Spiel setzen? Siehst du, wie wertvoll sie sind?

Epiktet, *Unterredungen*, 4.3, 7–8

Die Stoiker betrachteten den Geist als einen Zufluchtsort – die innere Festung, wie sie ihn nannten. Wenn wir uns vom Stoizismus leiten lassen, erkennen wir, wie eng Selbstachtung und Aufmerksamkeit miteinander verbunden sind: Wenn wir nicht darauf achten, was wir in unseren Geist eindringen lassen, schützen wir uns nicht vor schädlichen Gedanken. Welchen Gedanken erlauben Sie, in Ihrem Kopf zu leben? Diese Frage ist für die Entwicklung von Selbstachtung und innerer Freiheit maßgeblich.

1. Stellen Sie einen Timer auf zwei Minuten und beobachten Sie, was in Ihren Geist eindringt. Schreiben Sie anschließend ein oder zwei Gedanken auf, die Sie beobachtet haben. Wenn Sie diese Gedanken schwarz auf weiß sehen, kann das dabei helfen, sie objektiv zu betrachten.
2. Was befindet sich in Ihrer inneren Festung? Oder besser noch, welche Art von Gedanken darf in diesen mentalen Zufluchtsort kommen und gehen?

Tag 18: Dasselbe Maß für Vergebung

Es ziemt sich nicht, mir selbst Schmerz zuzufügen, da ich noch nie absichtlich jemand anderem Schmerz zugefügt habe.

Mark Aurel, *Selbstbetrachtungen*, 8.42

Mark Aurel erinnert uns, wie wichtig es ist, Selbstmitgefühl zu einer Priorität zu machen. Warum soll es in Ordnung sein, uns selbst zu tadeln, wenn wir andere niemals so kritisieren würden? Dem Stoizismus zufolge schafft Fairness Raum für Vergebung und Geduld für uns selbst wie auch für andere.

1. Es gibt einen Unterschied zwischen hohen moralischen Ansprüchen und Härte, die man sich selbst gegenüber aufbringt: Im ersten Fall erkennt man, dass es Raum für Verbesserung (Heilung) gibt, im zweiten Fall verursacht man unangemessene Selbstkritik (Schmerz). Kehren Sie zu Tag 10 zurück und lesen Sie die empathischen Bemerkungen, die Sie über sich selbst geschrieben haben. Haben Sie sich in dieser Woche mehr Empathie entgegengebracht? Falls nicht: Was hält Sie davon ab?
2. Schreiben Sie strenge Gedanken auf, die Sie in diesem Augenblick in Bezug auf sich selbst haben. Unterziehen Sie diese einer sorgfältigen Prüfung. Können Sie sich jetzt um diese Wunden kümmern?

Tag 18: Dasselbe Maß für Vergebung

Tag 19: Leb wohl, externe Validierung

Wie kann ich noch ein richtiges Urteil fällen, wenn ich mit mir selbst unzufrieden bin und mir wichtig ist, was andere über mich denken?

Epiktet, *Unterredungen*, 4.6, 24

Stoiker halten es für unmöglich, die Welt rational zu betrachten, wenn wir uns in den Sog fremder Meinungen und Ansichten ziehen lassen. Das bedeutet, dass wir uns von unserer Anhaftung an Kritik *und* Lob befreien müssen. Unser Charakter und Glück hängen nicht von den – guten oder schlechten – Meinungen ab, die andere von uns haben. Warum sollten wir ihnen also Macht einräumen? Wenn wir unsere Aufmerksamkeit auf den inneren Erfolg richten, bedeutet das, dass wir uns von der Zustimmung und Missbilligung jener lösen, die wir bewundern, lieben und fürchten.

1. Was wäre, wenn Sie von der Person, die Sie am meisten auf der Welt bewundern, Ablehnung erfahren würden? Würden sich Ihre Wünsche und Ziele grundlegend verändern? Wären Sie aufgrund des Urteils dieser Person ein besserer oder schlechterer Mensch?
2. Schreiben Sie fünf wohlwollende Dinge auf, die Sie gern über sich selbst hören möchten. Wiederholen Sie diese Aussagen so lange schriftlich oder mündlich vor dem Spiegel, bis Sie kein Bedürfnis mehr haben, diese Worte von jemand anderem zu hören.

Tag 20: Eine bescheidene Fassade

Tu das Einzige, was dich wirklich glücklich machen kann: Wirf alles fort, was äußerlich glänzt, und tritt es mit Füßen … richte deinen Blick auf das wahrhaft Gute und erfreue dich nur an dem, was aus deinem Speicher kommt. Und was meine ich mit »aus deinem Speicher«? Ich meine aus deinem tiefsten Selbst, dem besten Teil von dir.

Seneca, *Briefe an Lucilius*, 23.6

Es ist schwer, nicht nach Anerkennung zu streben – in Form von Geld, Ruhm, Macht oder Ansehen – oder der Annehmlichkeit, die Dinge zu haben, die wir wollen, wenn wir sie wollen. Aber die stoische Weisheit lehrt uns, dass Weisheit, Gerechtigkeit, Mut und Mäßigung in unserem Speicher immer vorrätig sind. Der Vorrat ist unerschöpflich. Den Stoikern zufolge besteht die eigentliche Arbeit darin, Akzeptanz, Bestätigung und Selbstwert zu finden und einzulösen. Eine Kreditkarte – oder externe Validierung – ist gar nicht nötig.

1. Nach welchen Anerkennungen haben Sie in Ihrem Leben gestrebt? Fühlten Sie sich grundlegend anders oder besser, nachdem sie Ihnen zuteilwurden? Tun Sie dasselbe für große Anschaffungen, die Sie Ihrer Meinung nach glücklich machen würden.
2. Schreiben Sie die emotionalen »Waren« auf, die Sie von anderen erhalten haben, indem Sie die konkreten Formulierungen identifizieren, die Sie hören wollten. Können Sie

sie an bestimmte Emotionen koppeln? Gab es in Ihrem Leben jemals einen Mangel an diesen Emotionen?

Tag 21: Auf dem Pfad bleiben

Sei weder empört, entmutigt noch unzufrieden, wenn es dir nicht gelingt, alles nach rechten Grundsätzen zu tun; wenn du aber gescheitert bist, so kehre zurück und sei zufrieden, wenn der größte Teil deines Tuns der menschlichen Natur entspricht, und liebe das, zu dem du zurückkehrst.

Mark Aurel, *Selbstbetrachtungen*, 5.9

Die Stoiker behaupteten niemals, dass innere Meisterschaft einfach sei. Wenn man danach strebt, einem Pfad der Tugend zu folgen – zu Seelengröße, geistiger Erhabenheit und einem zielgerichteteren Leben –, strebt man nach dem höchsten Potenzial der menschlichen Natur. Mark Aurel weist uns darauf hin, dass dies ein lebenslanges Projekt ist und wir uns nicht entmutigen lassen dürfen, wenn der Weg lang und steinig ist. Vielleicht scheitern wir manchmal an unseren hehren Zielen, aber allein der Versuch macht uns zu besseren Menschen. Mit anderen Worten: Irren ist menschlich; wichtig ist, auf dem Pfad zu bleiben.

1. Schreiben Sie das wichtigste Ziel auf, das Sie im Moment verfolgen. Fällt Ihnen ein Name für diesen Pfad ein? Stellen Sie sich jetzt vor, dass dieser Pfad ein Baumstamm ist und Äste hat, die sich verzweigen. Welche Äste führen Sie von Ihrem Ziel weg? Schreiben Sie diese auf. (Es ist hilfreich, eine Skizze anzufertigen.)
2. Schreiben Sie auf, wann Sie das letzte Mal moralische Schwäche gezeigt haben. Was haben Sie aus dieser Erfah-

rung gelernt? Gab es etwas Positives, das Sie aus diesem vermeintlichen Scheitern gezogen haben?

Tag 22: Das eigene Genie finden

Du musst entscheiden, ob du charakterlich eher zu energischem Handeln oder stillem Mutmaßen und Nachdenken neigst, und der Richtung folgen, die die Neigung deines Genies vorgibt.

Seneca, *Vom Seelenfrieden*, 7.2

Die Stoiker raten uns, mit unseren Talenten zu arbeiten, nicht gegen sie. Sie erkannten, dass wir von Natur aus für manche Rollen besser geeignet sind als für andere. Eine wachstumsorientierte Einstellung ist zwar ein wertvolles Hilfsmittel (»ich schaffe es *noch* nicht«), aber es stimmt auch, dass Menschen sehr unterschiedliche Formen von »Genie« zum Ausdruck bringen. Natürlich gibt es Phasen, in denen wir uns mit einem Lernthema auseinandersetzen, eine Arbeitsstelle annehmen oder eine Pflicht erfüllen müssen, die unserer natürlichen Neigung widerspricht. Aber wenn wir eine Wahl haben, legt uns der Stoizismus nahe, unsere Energie an unserer Eignung auszurichten.

1. An Tag 14 schrieben Sie über Ihren Charakter, Ihre Persönlichkeit und Ihre Gaben. Identifizieren Sie im Hinblick auf die daraus gewonnenen Erkenntnisse ein oder zwei Möglichkeiten, wie Sie Ihre Talente in diesem Augenblick in Ihr Leben integrieren können. Wie können Sie durch Ihre natürlichen Gaben Erfüllung finden?
2. Welche Talente und Vorlieben werden Ihre Entscheidung beeinflussen, wenn Sie darüber nachdenken, Ihren Beruf zu wechseln oder eine große Lebensentscheidung zu tref-

fen? Wie können Sie Ihre natürlichen Gaben in ein Leben integrieren, das sich durch Erfüllung und Meisterschaft auszeichnet?

Tag 23: Die innere Flamme entfachen

So wie die Flamme senkrecht in die Luft steigt und weder eingezwängt noch kleingehalten werden kann, so ist auch unsere Seele stets in Bewegung, und je heller sie strahlt, umso größer ist ihre Bewegung und Aktivität. Glücklich aber ist der [Mensch], der ihr diesen Anstoß zum Besseren gegeben hat!

Seneca, *Briefe an Lucilius*, 39.3

Was inspiriert Sie? Mitreißende Musik, Bücher und Gespräche mit Freunden? Nehmen Sie sich ein wenig Zeit und denken Sie darüber nach, was Ihre innere Flamme entfacht und Ihre Seele hell strahlen lässt. Identifizieren Sie die Tätigkeiten, die Ihnen Freude und Sinn spenden, und finden Sie Mittel und Wege, diese stärker in Ihr Leben einzubeziehen. Entfachen Sie Ihr inneres Feuer neu, indem Sie Ihre Energie auf Dinge richten, die Ihnen zügellose Freude verschaffen.

1. Denken Sie an Zeiten zurück, in denen Sie sich lebendig gefühlt haben, im Einklang mit sich selbst und Ihrer Umgebung. Was taten Sie? Identifizieren Sie mindestens drei Aktivitäten, die Ihre innere Flamme entfachen. Wie können Sie sie mehr in Ihr aktuelles Leben einbringen?
2. Schreiben Sie einen Brief an den Helden Ihrer Kindheit. (Keine Sorge, Sie werden diesen Brief nicht versenden.) Erzählen Sie der Person, was Ihnen in jedem Jahrzehnt Ihres

Lebens besonders viel Freude bereitet hat. Versuchen Sie nicht krampfhaft, nach Antworten zu suchen. Schreiben Sie einfach das auf, was Ihnen in den Sinn kommt. Lesen Sie den Brief dann erneut. Erkennen Sie einen roten Faden?

Tag 24: Mitleid durch Produktivität ersetzen

Was soll mich stören, beunruhigen, mir unangenehm sein? Soll ich mein Vermögen nicht zu dem Zweck gebrauchen, zu dem ich es erhalten habe, sondern Trübsal blasen und Dinge beklagen, die sich ereignen? – »Ja, aber meine Nase läuft.« – Wofür hast du Hände? Vielleicht deshalb, um dir die Nase zu putzen? Wie viel besser wäre es für dich, die Nase zu putzen, als zu klagen!

Epiktet, *Unterredungen*, 1.6, 28–32

Wir alle neigen gelegentlich zu Selbstmitleid. Aber jeder gerät im Leben in Schwierigkeiten, und Selbstmitleid ist nie hilfreich. Stoiker glauben, dass es produktiver ist, die Ressourcen und Hilfsmittel zu nutzen, die uns zur Verfügung stehen, um das Problem zu lösen, statt unsere Situation zu beklagen. Wie sieht es aus, ein Problem kreativ zu lösen? Wie fühlt es sich an, Mitleid durch Produktivität und Dankbarkeit zu ersetzen?

1. Haben Sie in den letzten drei Tagen Selbstmitleid empfunden? Beschreiben Sie den jeweiligen Auslöser. Können Sie diesen mit einer spezifischen Gewohnheit oder einem äußeren Umstand verknüpfen? Schreiben Sie die Ressourcen auf, die Ihnen zur Verfügung stehen (zum Beispiel Menschen, Wissen und Fähigkeiten), um das Problem zu lösen, das das Mitleid verursacht hat.

2. Beschreiben Sie ein aktuelles Problem. Nennen Sie in Bezug auf die Situation fünf Dinge, die Sie nicht in der Hand haben. Nennen Sie nun fünf Dinge, die Sie in der Hand haben. Nehmen Sie wahr, wie es sich anfühlt, das zu identifizieren, was Sie kontrollieren beziehungsweise nicht kontrollieren können. Wofür wollen Sie mehr Energie investieren?

Tag 25: Der innere Beifall

Wenn ich einen Menschen sehe, der Angst hat, frage ich mich: Was kann er haben wollen? Er hat Angst, weil er etwas will, das er nicht beeinflussen kann. Deshalb hat der Zitherspieler, wenn er für sich singt, keine Angst, wohl aber, wenn er das Theater betritt, obwohl er eine sehr schöne Stimme hat und die Zither meisterlich zu spielen weiß; denn er will nicht nur gut singen, sondern auch Beifall ernten, doch darauf hat er keinen Einfluss.

Epiktet, *Unterredungen*, 2.13, 1–2

Der Impuls, die Zuneigung anderer zu gewinnen, kann zu intensivem Begehren, sogar zu Angstzuständen führen. Wenn uns die Meinung unserer Mitmenschen in Bezug auf unsere Arbeit, Handlungen oder Persönlichkeit wichtig wird, geben wir unsere Macht ab. Wir nehmen uns außerdem einen Großteil unserer Schaffensfreude und konzentrieren uns auf das Ergebnis und weniger auf den schöpferischen Akt. Der einzige Beifall, der für Stoiker wichtig ist, ist der, den wir uns selbst im Stillen geben.

1. Denken Sie an eine Zeit, in der Ihnen die Zustimmung einer anderen Person wichtig war. Wie war das Szenario? Warum strebten Sie nach diesem Lob? Schreiben Sie sich jetzt selbst eine kurze Notiz und geben Sie sich selbst die Bestätigung, die Sie damals gebraucht hätten. Der Clou: Schreiben Sie diese Notiz mit Ihrer eigenen Stimme, nicht mit der einer anderen Person.

2. Zählen Sie drei Dinge auf, die Sie gern lernen oder tun würden, bisher aber aus Angst vor einem Scheitern oder mangelnden Erfolg nicht ausprobiert haben. Stellen Sie sich vor, wie Sie diese Dinge dilettantisch, aber mit großer Freude tun. Wenn Sie den Leistungsaspekt dieser Aktivitäten ignorieren, haben Sie immer noch Lust darauf oder nicht?

Tag 26: Das Gegenmittel für Angst

Lass dich nicht von künftigen Ereignissen beunruhigen, denn sollten sie eintreten, wirst du mit demselben Verstand ausgestattet sein, den du jetzt in der Gegenwart benutzt.

Mark Aurel, *Selbstbetrachtungen*, 7.8

Der menschliche Geist tappt manchmal in die Sorgenfalle und malt sich alle möglichen Schreckensszenarien aus. Stoiker wenden zwei Ansätze an, um die Zukunftsangst zu minimieren: a) Sie erden sich und bleiben in der Gegenwart, und b) sie vertrauen darauf, dass ihre inneren Ressourcen – ihr Verstand und Charakter – ausreichen, um künftige Schwierigkeiten zu meistern. Mark Aurel erinnert uns, dass wir die Zukunft nicht kontrollieren können, aber unsere Qualitäten auf das Vorhersehbare und das Unvorhersehbare anwenden können. Ein Gegenmittel für Angst besteht darin, an sich selbst zu glauben.

1. Sehen Sie sich um. Zählen Sie drei Gegenstände in Ihrem unmittelbaren Sichtfeld auf. Konzentrieren Sie sich auf diese Objekte. Was sagen diese Dinge über Ihren Aufenthaltsort aus? Wie fühlen Sie sich, wenn Sie Ihre eigene Stille erkennen?
2. Über welche inneren Ressourcen verfügen Sie, um Schwierigkeiten zu meistern? Schreiben Sie auf, wie Sie diese Merkmale in der Vergangenheit genutzt haben, um Herausforderungen zu überwinden.

Tag 27: Die Dinge einfach halten

Denke nur an die Dinge, über die du, wenn man dich plötzlich fragen würde: »Woran denkst du gerade?« mit völliger Offenheit sofort antworten könntest: dies oder das; sodass aus deinen Worten klar hervorgeht, dass alles in dir einfach und wohlwollend ist.

Mark Aurel, *Selbstbetrachtungen*, 3.4

Mark Aurel beschreibt eine innere Einfachheit, die nur die Gedanken behält, die den Charakter bereichern und verbessern, während ungesunder geistiger Ballast beseitigt wird. Wenn Sie eine Vorstellung oder geistige Gewohnheit bemerken, die Sie davon abhält, sich zu verbessern und zu wachsen, müssen Sie sie loswerden. Das Wegschneiden aller Werte und geistigen Gewohnheiten, die nicht zu Ihrem langfristigen Wachstum beitragen, ist ein stoisches Geheimnis, das zu Gemütsruhe führt.

1. Was bedeutet für Sie »innere Einfachheit«? Beschreiben Sie Ihre geistige Verfassung, wenn Sie besonders in sich ruhen. Woran denken Sie (nicht)? Wo befinden Sie sich körperlich? Nennen Sie ein Beispiel, wie Sie mehr Energie in die Kultivierung dieses einfachen und wohlwollenden Geisteszustands investieren können.
2. Identifizieren Sie drei oder vier Themen, zu denen Ihr Geist immer wieder zurückkehrt, wenn er unruhig ist. Sind Sie besorgt? Verärgert? Unsicher, weil Sie befürchten, nicht gut genug zu sein? Schreiben Sie zu jedem identifi-

zierten Thema eine positive Antwort, um Ihren negativen Gedanken entgegenzuwirken.

Tag 28: Bei seiner Geschichte bleiben

Wissen Sie, was ich unter einem guten Menschen verstehe? Jemanden, der vollständig ist, reif ist – der durch keinen Zwang und keine Notwendigkeit verdorben werden kann. Ich sehe einen solchen Menschen in dir, wenn du nur beständig weitergehst und dich deiner Aufgabe beugst und dafür sorgst, dass alle deine Worte und Taten im Einklang miteinander stehen, sich entsprechen und wie aus einer Form gestanzt sind. Wenn die Handlungen eines Menschen nicht harmonisch sind, ist seine Seele nicht im Reinen.

Seneca, *Briefe an Lucilius*, 34.3–4

Seneca erinnert uns daran, dass ein stoisches Leben bedeutet, unsere Handlungen mit unseren Werten und Prinzipien in Einklang zu bringen und nach unseren Tugenden zu leben. Indem wir unsere Gedanken und Handlungen konsequent auf Ziele ausrichten, die unseren Tugenden entsprechen, schaffen wir eine innere Harmonie, die für uns und unsere Mitmenschen sehr bereichernd ist.

1. Blättern Sie zu Tag 5 und betrachten Sie Ihre übergeordneten Lebensziele. Haben Ihre Gedanken und Handlungen in den letzten 24 Stunden diese Ziele widergespiegelt?

Schreiben Sie Beispiele für Handlungen auf, die Sie auf Kurs gebracht oder von ihm weggeführt haben.

2. Legen Sie ein oder zwei Ziele fest, an denen Sie arbeiten möchten. Erklären Sie, wie Sie diese Woche, diesen Monat und für den Rest des Jahres auf dieses Ziel hinarbeiten werden.

Tag 29: Mein Leben gehört mir

Nun bringt uns nichts in größere Schwierigkeiten als unsere Abhängigkeit von schnöden Gerüchten und unsere Gewohnheit, das für das Beste zu halten, was gemeinhin als solches angenommen wird, viele Fälschungen für wahrhaftig gute Dinge zu halten und nicht nach der Vernunft zu leben, sondern andere nachzuahmen.

Seneca, *Vom glücklichen Leben*, 1.3

Seneca erinnert uns daran, dass man ein falsches, nachgeahmtes Leben führt, wenn man sich der öffentlichen Meinung unterwirft und nicht mit gebührender Sorgfalt über sich nachdenkt und reflektiert. Um ein reiches Innenleben zu führen, müssen wir zu unseren eigenen Schlussfolgerungen kommen, neugierige Schüler dieses einen wertvollen Lebens bleiben und das Streben nach Verständnis zu einem täglichen Ritual machen.

1. Identifizieren Sie einen Wert, der Ihnen wichtig ist, und untersuchen Sie ihn genau. Wie sind Sie zu ihm gelangt? Wurden Sie durch Menschen oder Ereignisse in Ihrem Umfeld an diesen Wert herangeführt? Wird dieser Wert in Ihrer Kultur unterstützt oder eher abgelehnt? Ist er im Einklang mit Ihrer Vorstellung von sich selbst und wie Sie im Augenblick sein möchten?
2. Nennen Sie etwas, das Sie schon immer tun wollten, aber noch nicht getan haben, weil Sie Angst vor dem Urteil anderer hatten. Wenn Ihnen nichts einfällt, schreiben Sie

den ersten Gedanken auf, der Ihnen hierzu in den Sinn kommt. Was könnten Sie heute tun, um mutiger zu leben, im Einklang mit Ihren wahren Leidenschaften und frei von der Angst vor fremden Beurteilungen? Schließlich ist es Ihr Leben.

Tag 30: Zeit für eine Feige

Nichts Großes entsteht plötzlich; selbst eine Traube oder Feige wächst nicht sofort. Wenn du mir jetzt sagst: »Ich will eine Feige haben«, so würde ich antworten: »Das dauert eine Weile.« Lass den Baum erst blühen, dann Früchte tragen und diese schließlich reifen. Wenn selbst die Frucht eines Feigenbaums nicht plötzlich und binnen einer Stunde zur Vollendung gebracht wird, würdest du dann immer noch versuchen, die Frucht des menschlichen Geistes in so kurzer Zeit und so mühelos zu erwerben?

Epiktet, *Unterredungen*, 1.15, 7–8

Wir alle wollen sofort Ergebnisse erzielen. Aber wie Epiktet hier feststellt, ist es wichtig, Geduld mit sich zu haben, wenn man diese schwierige, aber bedeutsame Reise unternimmt. Kehren Sie immer wieder zu Ihrer Übung zurück, kehren Sie zu Ihren Quellen zurück, und kehren Sie vor allem zu *sich selbst* zurück. Trotz Trockenheit und anderer unvorhersehbarer Hindernisse wird das Ergebnis eine reiche Feigenernte sein.

1. Sehen Sie sich Ihren Tagebucheintrag von Tag 1 an. Haben Sie in den drei Bereichen, die Sie verändern wollten, bereits Wachstum oder Fortschritte festgestellt? Schreiben Sie die Veränderungen auf, die Sie an sich selbst entdecken.
2. Nennen Sie eine Situation, in der Sie sehr geduldig sein mussten. Hat es sich gelohnt? Wie konnten Sie Ihr Un-

gestüm im Zaum halten? Schreiben Sie drei Dinge auf, die Sie erden, wenn Sie ruhelos oder ungeduldig sind.

Kurs B

Der Weg zur Akzeptanz

In den ersten 30 Tagen haben Sie daran gearbeitet, mehr Selbstmitgefühl zu entwickeln, Kraft aus Ihren inneren Ressourcen zu schöpfen und sich auf Ihren eigenen inneren Beifall zu verlassen. In Kurs B werden Sie die Selbstakzeptanz vertiefen und Frieden mit Ihren Mitmenschen schließen. Sie werden mentale Hilfsmittel und Techniken entdecken, um den Herausforderungen des Lebens mit Weisheit zu begegnen, und dabei Dankbarkeit für den gegenwärtigen Augenblick kultivieren. Die wichtigsten Ziele der nächsten 30 Tagen bestehen darin, proaktiver und resilienter zu werden und eine Bereitschaft zu entwickeln, sich auf die Welt einzulassen.

Tag 31: Keine Zeit ist wie jetzt

Aufschieben ist die größte Verschwendung des Lebens; es beraubt die Menschen jedes Tages, wie er kommt, es entreißt ihnen die Gegenwart, indem es etwas Anschließendes verspricht. Das größte Hindernis für das Leben ist die Erwartung, die vom Morgen abhängt und den Tag vergeudet ... Welches Ziel strebst du an? Alles, was noch kommen wird, liegt im Dunkeln; lebe im Jetzt!

Seneca, *Von der Kürze des Lebens*, 9.1

Was ist die größte Bedrohung für die Gegenwart? Die Dinge auf morgen zu verschieben – oder schlimmer noch, die Erwartung zu haben, dass sich die Dinge morgen wie von Zauberhand bessern werden. Seneca erinnert uns, dass heute der beste Zeitpunkt ist, um das in Angriff zu nehmen, was wir überwinden oder erreichen wollen. Auch wenn die Zeit ungewiss ist, ist unser Handeln – im gegenwärtigen Augenblick – etwas, worauf wir uns verlassen können.

1. Beschreiben Sie einen Tag in Ihrem Leben, in dem Sie in jedem Augenblick völlig präsent sind. Erklären Sie Ihre innere Wahrnehmung bis ins kleinste Detail, einschließlich Ihrer geistigen Einstellung und Emotionen.
2. Welche Möglichkeiten stehen Ihnen gegenwärtig zur Verfügung? Identifizieren Sie eine Gelegenheit, die Sie heute ergreifen werden.

Tag 31: Keine Zeit ist wie jetzt

Tag 32: Die eigene Meinung ändern

Heute bin ich aus allen Schwierigkeiten herausgekommen, oder besser gesagt, ich habe alle Schwierigkeiten vertrieben, denn sie waren nicht im Außen, sondern in mir und meinen Ansichten.

Mark Aurel, *Selbstbetrachtungen*, 9.13

Mark Aurel lehrt uns, dass man seinen ganzen Geist verändert, wenn man seine Ansichten verändert. Mit diesem Wissen können wir unsere Ansichten auf Dinge verändern, die uns im Leben passieren. Menschen oder Situationen, die uns früher provoziert haben, können neutral oder vielleicht sogar positiv werden. Das Objekt hat sich nicht verändert – sondern unsere Perspektive.

1. Schreiben Sie über eine Zeit, in der Sie Ihre Meinung über eine Person, ein Objekt oder eine Situation revidiert haben. Veränderte sich das Objekt oder haben Sie gelernt, es in einem neuen Licht zu betrachten?
2. Identifizieren Sie eine Sache oder eine Person in Ihrem Leben, gegen die Sie eine starke Abneigung haben. Könnten Sie sich vorstellen, Ihre Ansicht zu ändern? Wie würde sich Ihr Leben verändern, wenn Sie lernen würden, diese Person oder Sache zu mögen (oder zumindest neutral zu betrachten)?

Tag 32: Die eigene Meinung ändern

Tag 33: Reagieren oder nicht reagieren?

Einige Dinge unterliegen unserer Kontrolle, andere nicht. Unter unserer Kontrolle sind Meinung, Entscheidungsfreiheit, Wollen, Abneigung – mit einem Wort: alles, was wir selbst tun.

Epiktet, *Handbüchlein*, 1.1

Epiktet erinnert uns daran, dass wir vielleicht nicht kontrollieren können, was in unserem Umfeld geschieht, aber wir können unsere Meinungen, Entscheidungen und Handlungen bezüglich und infolge äußerer Reize kontrollieren. Manchmal bleibt uns nichts anderes übrig, als Abstand zur Situation zu schaffen und unsere dazugehörige Einstellung anzupassen. Das heißt nicht, dass wir machtlos sind; es ist vielmehr das Gegenteil der Fall. Zu erkennen, was wir kontrollieren können, ist die ultimative Form der Befreiung.

1. Wann haben Sie sich das letzte Mal geärgert? Was war die Ursache für Ihre Gefühle? Welche Faktoren lagen nicht in Ihrer Hand? Betrachten Sie diese Situation nun aus einem anderen Blickwinkel. Was *konnten* Sie kontrollieren? Was lag in dieser Situation an Ihnen?
2. Schreiben Sie nun über eine Situation, in der Sie auf jemanden sehr extrem reagierten – es kann sich dabei um eine innere oder äußere Reaktion handeln. Unterdrückten Sie Ihre Wut oder brachten Sie sie zum Ausdruck? Schrei-

ben Sie auf, wie eine impulsive bzw. achtsame Reaktion ausgesehen hätte. Welche Reaktion erscheint Ihnen stärker im Einklang mit Ihren Werten zu sein?

Tag 34: Die Konsumlust zügeln

Niemand hat es in seiner Macht, alles zu haben, was man sich wünscht; man hat es aber in seiner Macht, nichts zu wünschen, was man nicht hat, und das freudig zu nutzen, was sich ergibt.

Seneca, *Briefe an Lucilius*, 123.3

Wir alle können uns etwas vorstellen, wovon wir gern mehr hätten. Das Problem ist, dass wir nie mit dem zufrieden sind, was wir haben, sobald wir unser Glück daran festmachen, mehr zu bekommen. Sobald unsere Wünsche erfüllt sind, suchen wir etwas Neues, und ein endloser (und kostspieliger) Kreislauf des Konsums setzt sich fort. Für Seneca ist es eine weise (und kosteneffektivere) Strategie, zu lernen, sich mit dem zufriedenzugeben, was man hat. Hierzu zählen nicht nur materielle, sondern auch immaterielle Güter wie Großzügigkeit und Freundlichkeit.

1. Erstellen Sie eine Liste mit zehn immateriellen Dingen, für die Sie dankbar sind. Fügen Sie zehn weitere Dinge hinzu, die Sie sehen oder mit Ihren Händen berühren können. (Anmerkung: Ruft Ihre Besinnung auf diese Dinge ein Gefühl der Dankbarkeit hervor oder verspüren Sie vielmehr den Drang, mehr haben zu wollen?)
2. Schreiben Sie drei Dinge auf, die Sie jetzt in Ihrem Leben feiern. Erklären Sie, warum Sie sie wertschätzen.

Tag 35: Der Umgang mit unvollkommenen Menschen

Wenn du dich über die Schamlosigkeit anderer ärgerst, so frage dich sofort: Ist es überhaupt möglich, dass es keine schamlosen Menschen auf der Welt gibt? Das ist nicht möglich. Verlange also nicht das Unmögliche.

Mark Aurel, *Selbstbetrachtungen*, 9.42

Der Umgang mit weniger optimalen Menschen und Situationen lässt sich im Leben leider nicht immer vermeiden. Stoiker raten dazu, uns weniger auf das Äußere (die Person) zu konzentrieren und mehr auf das Innere (unsere Reaktion auf die Person). Mark Aurel weist darauf hin, dass wir unsere Reaktion unter Kontrolle haben (das heißt, dass die störende Einwirkung erträglicher werden kann). Um unsere künftigen Handlungen zu steuern, müssen wir unsere Beziehung zu unseren Auslösern und Reaktionen begreifen.

1. Denken Sie an jemanden, der Sie provoziert hat. Was löst Ihre negative Emotion aus? Zählen Sie drei spezifische Handlungen oder Verhaltensweisen auf.
2. Notieren Sie für jeden Auslöser drei mögliche Reaktionen: eine negative, eine neutrale und eine sehr positive. (Das kann schwierig sein, aber mit etwas Fantasie fällt Ihnen bestimmt eine positive Reaktion auf eine schwierige Person ein.) Herausforderung: Wählen Sie eine Reaktion und

setzen Sie sie das nächste Mal um, wenn Sie diesem Auslöser begegnen. Warum wird diese Reaktion Ihrer Meinung nach vorteilhaft sein?

Tag 36: Respektvoll anderer Meinung sein

Die Menschen existieren, um füreinander da zu sein. Lehre sie also oder erdulde sie.

Mark Aurel, *Selbstbetrachtungen*, 8.59

Es kann schwierig sein, mit jemandem umzugehen, der andere Wertmaßstäbe hat als man selbst. Aber die Stoiker glaubten, dass jeder Mensch Respekt verdient, auch wenn man ihn als moralisch fehlgeleitet wahrnimmt. Es ist nicht unsere Aufgabe, ihn zu kritisieren, sondern ihm als Vorbild zu dienen. Die stoische Weisheit drängt uns dazu, diese beiden Aspekte zu berücksichtigen: Erstens begeht niemand willentlich einen Fehler – jeder denkt, er handle richtig. Zweitens kann man immer, also unabhängig davon, was andere Menschen tun, Zufriedenheit erlangen. Wir können mit anderen Worten konstruktiv reagieren, sie zum Überdenken ihrer Handlungen anregen und ihnen trotzdem Respekt zollen.

1. Denken Sie an jemanden, mit dem Sie nicht gut zurechtkommen. Warum denkt diese Person Ihrer Meinung nach, sie handle richtig? Beschreiben Sie die Situation *aus der Sicht Ihres Gegenübers*. Werden Sie ihn in dieser Situation lehren oder erdulden? Beschreiben Sie Ihr Vorgehen.
2. Wirkt sich der Charakter der anderen Person auf Ihren Charakter aus? Wieso (nicht)?

Tag 36: Respektvoll anderer Meinung sein

Tag 37: Die Kunst der Bereitschaft

Jeder Mensch geht mutig auf eine Gefahr zu, auf die er sich im Vorfeld eingestellt hat, und hält selbst große Not aus, wenn er vorher geübt hat, ihr zu begegnen. Der Unvorbereitete hingegen gerät schon bei der kleinsten Kleinigkeit in Bedrängnis. Wir müssen dafür sorgen, dass nichts Unvorhergesehenes auf uns zukommt.

Seneca, *Briefe an Lucilius*, 107.4

Seneca vertritt die Auffassung, dass Vorbereitung eine der wichtigsten Maßnahmen ist, um mit Schwierigkeiten fertigzuwerden. Aber wie gehen wir dabei vor? Die »premeditatio malorum« oder Vorwegnahme schlechter Ereignisse ist eine bewährte Technik, mit der wir uns auf Herausforderungen vorbereiten können. Man stellt sich das Ergebnis vor, das man am meisten fürchtet, und malt sich aus, wie man auf dieses Ergebnis reagiert. Wenn das Unglück geschieht, hat man bereits einen Handlungsplan. Und wenn es niemals eintritt, kann man dankbar sein und nach vorn blicken.

1. Identifizieren Sie eine Herausforderung, der Sie sich heute stellen müssen. Was ist Ihre größte Sorge in Bezug auf diese Herausforderung? Stellen Sie sich vor, dass sich Ihre Befürchtung bewahrheitet. Malen Sie sich Ihre Reaktion im Detail aus. Was werden Sie denken, sagen und tun?
2. Wie erlaubt Ihnen Vorbereitung, im Augenblick mutiger zu sein? Schreiben Sie etwas über die Beziehung zwischen Bereitschaft und Mut.

Tag 37: Die Kunst der Bereitschaft

Tag 38: Gute Gewohnheiten entwickeln

Wenn du etwas tun willst, so mache es dir zur Gewohnheit; wenn du etwas nicht tun willst, so unterlasse es und gewöhne dich an etwas anderes. Dasselbe gilt auch für geistige Belange; wenn du wütend bist, kannst du dir sicher sein, dass nicht nur dieses Übel über dich gekommen ist, sondern dass du auch die Gewohnheit verstärkst und gewissermaßen das Feuer geschürt hast.

Epiktet, *Unterredungen*, 2.18, 4–5

Die Stoiker der Antike verstanden die Macht der Gewohnheit. Wenn wir unserem Geist erlauben, über negativen Gedanken zu brüten (wir wollen beispielsweise nicht zur Arbeit gehen), bilden wir eine geistige Gewohnheit (in diesem Fall Unzufriedenheit). Werden wir unsere Gedanken auf Weisheit und Meisterschaft richten oder auf ein Fehlurteil und Unzufriedenheit?

1. Identifizieren Sie eine geistige Gewohnheit, die Sie gern verändern möchten. Welche Auslöser führen oft zum Ausbruch Ihrer schlechten Gewohnheit?
2. Woran könnten Sie denken, wenn Sie merken, dass sich eine schlechte Gewohnheit Bahn bricht? Wählen Sie ein Mantra, eine Tugend oder ein positives Ziel (wie Seelenfrieden oder Glückseligkeit), auf das Sie sich konzentrie-

ren können. Wenn Sie möchten, können Sie im Laufe der nächsten Woche Ihren Fortschritt festhalten.

Tag 39: Ressourcen nutzen

Rufe bei Schwierigkeiten deinen gesunden Menschenverstand zu Hilfe: Es ist möglich, das Harte zu erweichen, das Enge zu weiten und schwere Lasten leichter erscheinen zu lassen, wenn man weiß, wie man sie zu tragen hat.

Seneca, *Von der Seelenruhe*, 10.4

Stoiker ermahnen uns, unsere Ressourcen, Fähigkeiten, Erfahrungen, Einstellungen und Charakterstärke auf den Prüfstand zu stellen, wenn wir uns Widrigkeiten stellen. Auch wenn wir das Wesen der Welt nicht verändern können, können wir lernen, eine neue Perspektive einzunehmen und effektiver damit umzugehen. Werden wir uns in einer schwierigen Situation von Wut und Frustration den Geist trüben lassen? Oder werden wir uns in Erinnerung rufen, dass Schwierigkeiten ein normaler Bestandteil des Lebens sind?

1. Identifizieren Sie eine Schwierigkeit, die Sie gerade beschäftigt. Was können Sie aktiv an dieser Situation verändern? Worauf haben Sie keinen Einfluss? Zählen Sie jeweils fünf interne und externe Ressourcen auf, die Sie besitzen, um diese Herausforderung souverän zu bewältigen.
2. Greifen Sie Senecas Zitat auf und nennen Sie jeweils ein Beispiel, das sich auf Ihr Leben anwenden lässt, um »das Harte zu erweichen«, »das Enge zu weiten« und »schwere Lasten leichter erscheinen zu lassen«.

Tag 40: Ständigen Wandel annehmen

Die unreife Beere, die reife Traube, die Rosine – alles wandelt sich, nichts löst sich auf, sondern wird zu etwas, das noch nicht existiert.

Mark Aurel, *Selbstbetrachtungen*, 11.35

Wandel ist lediglich die Veränderung von einem Zustand in einen anderen. Die Stoiker mahnen uns, Wandel als natürlichen Teil des Lebens zu begrüßen und nicht dagegen anzukämpfen. Wenn wir lernen, Wandel nicht als Untergang, sondern als Übergang zu etwas Neuem zu betrachten, können wir selbst schwierige Phasen wie Alter, Krankheit und Verlust gelassen hinnehmen.

1. Blicken Sie auf das vergangene Jahr. Schreiben Sie mindestens zwei Veränderungen auf, die Ihr Leben nachhaltig beeinflusst haben. Wie haben Sie auf diese Veränderungen reagiert?
2. Beschreiben Sie einen großen Übergang in Ihrem Leben als Bewegung von einem Zustand in einen anderen. Bemühen Sie sich um eine objektive Darstellung, wie ein Wissenschaftler, der die Ergebnisse eines Experiments beschreibt.

Tag 40: Ständigen Wandel annehmen

Tag 41: Unter schwierigen Bedingungen leben

Kein Baum, der nur selten vom Wind umtost wird, ist stark und fest; denn gerade durch die Erschütterung verhärtet er und treibt seine Wurzeln tiefer in die Erde: Bäume, die in einem geschützten Tal wachsen, brechen leicht.

Seneca, *Von der göttlichen Vorsehung*, 4.16

Seneca erinnert uns, dass schwierige Bedingungen vielleicht nicht ideal sind, uns aber dazu veranlassen können, neue Fähigkeiten, Zuversicht und Selbstvertrauen zu entwickeln. Harte Bedingungen stärken nicht nur Bäume, sondern auch den menschlichen Geist, und helfen uns, Durchhaltevermögen und Resilienz aufzubauen. Wenn wir unsere Perspektive auf Schwierigkeiten verändern, verändert sich auch unser Leben.

1. Identifizieren Sie eine große Herausforderung, der Sie sich in Ihrem Leben gestellt haben. Was war das Schlimmste daran? Verändern Sie nun Ihre Perspektive. Wie wurde Ihr Charakter dadurch gestärkt? Würden Sie die Vergangenheit neu schreiben, wenn Sie es könnten?
2. Beschreiben Sie sich als Baum. Haben Sie starke Wurzeln und Äste? Wie sind sie so geworden? Was können sie aushalten? Gibt es brüchige Stellen, die Sie gern stärken würden?

Tag 41: Unter schwierigen Bedingungen leben

Tag 42: Das inhärente Gute

Die Hauptaufgabe im Leben ist: Dinge zu unterscheiden, sie abzuwägen und sich selbst zu sagen: »Äußerlichkeiten habe ich nicht in der Hand; moralische Entscheidungen hingegen schon. Wo soll ich das Gute und das Böse suchen? In mir selbst, in dem, was zu mir gehört.«

Epiktet, *Unterredungen*, 2.5, 4–5

Die Stoiker kehren immer wieder zu dieser Frage zurück: Wie gelingt es uns, die äußeren Dinge loszulassen, die wir nicht unter Kontrolle haben, und aus unseren Entscheidungen Kraft zu schöpfen? Epiktet zeigt uns, dass die Entscheidungen, die wir treffen, in unserem Charakter verwurzelt sind, und unser Charakter wiederum von unseren Entscheidungen geprägt wird. Unsere Wahrnehmung der Welt ist größtenteils ein Produkt dessen, was in uns existiert, und bezieht sich auf unsere Fähigkeit zu moralischem Wachstum.

1. Beschreiben Sie eine Zeit, in der Sie eine moralische Entscheidung treffen mussten. Welche äußeren Umstände lagen damals vor? Was hatten Sie unter Kontrolle, was nicht?
2. Nennen Sie einen Aspekt, den Sie an Ihrer Weltsicht bewundern. Gibt es etwas, worüber Sie tendenziell negativ denken? Wie können Sie es an dem Aspekt ausrichten, den Sie an Ihrer Weltsicht besonders bewundern?

Tag 42: Das inhärente Gute

Tag 43: Absicht vor Resultat

Der Weise betrachtet den Grund für all seine Handlungen, nicht aber die Ergebnisse. Der Anfang liegt in unserer Macht; das Schicksal entscheidet über den Ausgang, aber ich lasse es nicht zu, dass das Schicksal sein Urteil über mich fällt.

Seneca, *Briefe an Lucilius*, 14.16

Obwohl wir das Resultat unserer Handlungen nicht kontrollieren können, können wir laut Seneca unseren Input kontrollieren, darunter unsere Absichten. Unsere moralischen Entscheidungen finden auf der Ebene unserer Absichten statt – was wollen wir in die Welt bringen? Stoiker streben danach, sich auf den Input zu konzentrieren und weniger auf das Resultat.

1. Nennen Sie ein persönliches Hindernis, das Sie überwinden möchten, und notieren Sie auf einem Blatt Papier die Absichten, die Ihnen in diesem Zusammenhang wichtig sind. Ziehen Sie nun eine senkrechte Linie und bilden Sie zwei Spalten. Tragen Sie in Spalte A alle Faktoren ein, die Sie unter Kontrolle haben (Input), während in Spalte B die Faktoren kommen, die Sie nicht kontrollieren können (Resultat). Wohin gehören Ihre Absichten?
2. Schreiben Sie über die Interaktion zwischen weisem Urteilsvermögen oder Weisheit und Schicksal. In welchem Verhältnis stehen sie zueinander? Gibt es zwischen diesen beiden Aspekten jemals Spannungen?

Tag 43: Absicht vor Resultat

Tag 44: Lebensrhythmen

Vierzig Jahre lang über das menschliche Leben nachgedacht zu haben, ist dasselbe, als hätte man zehntausend Jahre lang darüber nachgedacht. Was soll noch dazukommen?

Mark Aurel, *Selbstbetrachtungen*, 7.49

Geburt, Hochzeit, Tod, Liebe, Trauer, Freude, Verluste, Entdeckungen – die Einzelheiten können sich unterscheiden, aber das menschliche Leben unterliegt einem universellen Muster. Die Stoiker legen uns nahe, die Schönheit in diesen übergeordneten Lebensrhythmen zu finden, und erinnern uns daran, dass es eine Ehre ist, Teil dieser gewaltigen und großartigen kosmischen Erzählung zu sein.

1. Inwiefern gleicht Ihr Leben dem Werdegang eines Menschen aus der Vergangenheit? Vergleichen Sie sich mit einem Ihrer Vorfahren oder einer imaginären Gestalt aus einer anderen historischen Epoche. Inwiefern können Sie Ihr aktuelles Leben besser verstehen, wenn Sie über Ihren Tellerrand hinaussehen und vergangene Generationen einbeziehen?
2. Welche Aspekte des heutigen Lebens werden sich Ihrer Meinung nach in 100 Jahren nicht verändert haben?

Tag 45: Einsamkeit oder Gesellschaft

Wenn die Umstände dazu führen, dass du dein Leben allein oder in einem kleinen Kreis verbringst, so nenne es Frieden, und nutze den Zustand für seinen eigentlichen Zweck; gehe in dich, schule deine Sinneseindrücke, entwickle deine Meinung. Wenn du jedoch in eine Menschenmenge gerätst, so nenne es ein Spiel, ein Fest, einen Feiertag, und versuche, mit der Gruppe zu feiern.

Epiktet, *Unterredungen*, 4.4, 26–27

Die Stoiker zeigen uns, dass wir lernen können, den Zustand unseres Lebens zu schätzen, ganz gleich, wo wir sind oder mit wem wir verkehren. Ob man von Natur aus introvertiert oder extrovertiert ist, man kann immer etwas finden, das man an seinen Umständen und Wegbegleitern schätzt, ob man nun für sich ist oder sich in einer großen Menschenmenge aufhält.

1. Welche Aktivitäten empfinden Sie als angenehm und nützlich, wenn Sie allein sind?
2. Wie können Sie eine starke Verbindung zu anderen kultivieren, wenn Sie sich in einem kleinen Freundeskreis befinden? Wie würden Sie deren Charakter kennenlernen? Beschreiben Sie, wie Ihnen die nächste Begegnung Freude bereiten könnte, wenn Ihnen Menschenansammlungen nicht behagen. Würde es Ihnen gefallen, über den ge-

meinsamen Zweck nachzudenken, der diese Gruppe eint, oder die individuellen (Lebens-)Geschichten der einzelnen Gruppenmitglieder?

Tag 46: Unglück edelmütig ertragen

Wird dich das Geschehene davon abhalten, gerecht, großmütig, maßvoll, vorsichtig und rücksichtslosen Meinungen und Falschheit gegenüber unbeirrt zu sein; wird es dich davon abhalten, Bescheidenheit, Freiheit und alle anderen Eigenschaften zu besitzen, die dem Menschen eigen sind? Vergiss nicht, diesen Grundsatz auf jede Gelegenheit anzuwenden, die dir Verdruss bereitet: Es ist kein Unglück, sondern ein Glück, ihn edelmütig zu ertragen.

Mark Aurel, *Selbstbetrachtungen*, 4.49

Wir alle müssen uns gelegentlich Schmerz, Frustration, Leid und Widrigkeiten stellen. Statt unser Unglück zu beklagen, sollten wir den Stoikern zufolge dankbar sein, weil wir das nötige Rüstzeug zur Bewältigung unserer Probleme besitzen. Mit etwas Übung können wir lernen, diese Herausforderungen mit Weisheit und Integrität zu überwinden und trotz des Unglücks unsere Tugendhaftigkeit zu bewahren.

1. Erklären Sie einem 5-Jährigen, einem 20-Jährigen, einem 50-Jährigen und einem 100-Jährigen die Bedeutung des Wortes Mühsal. Welche Unterschiede stellen Sie möglicherweise fest? Was sagen diese über Mühsal und Vergänglichkeit aus?

2. Mark Aurel war der Überzeugung, dass man sich glücklich schätzen kann, wenn man die Gelegenheit hat, Unglück edelmütig zu ertragen. Schreiben Sie über eine Lebensphase, in der Sie trotz leidvoller oder schmerzhafter Erfahrungen etwas Erfüllendes oder Fruchtbares erlebten.

Tag 47: Welchen Henkel halten?

Alles hat zwei Henkel, den einen sollte man anfassen, den anderen nicht. Wenn dein Bruder dir Unrecht tut, so unterlasse es, die Angelegenheit mit dem Henkel des Unrechts zu greifen, das er begeht … sondern nimm den anderen Henkel – dass er dein Bruder ist, dass ihr gemeinsam aufgewachsen seid, und dann wirst du die Angelegenheit auf die richtige Weise behandeln.

Epiktet, *Handbüchlein*, 43

Epiktet erinnert uns an die Bedeutung von Perspektive und Handlungsmacht. (Man kann eine Situation schließlich auf unterschiedliche Weise betrachten!) Man entscheidet nicht nur, wie man mit einer Situation umgeht, sondern auch, wie man die Einstellung *wahrnimmt*, mit der jemand seine Verantwortung betrachten sollte. Kann man die bewusste Entscheidung treffen, mitfühlend zu sein – seine Verbundenheit zu sehen –, wenn man zwischen gerecht und ungerecht unterscheiden kann und die Vermutung hegt, dass der andere den falschen Henkel hält?

1. Identifizieren Sie eine Situation, die sich in den letzten Tagen zugetragen hat und in der Sie aufgrund einer anderen Person traurig, frustriert oder wütend waren und negativ reagierten. Zeichnen Sie einen Topf mit zwei Henkeln. Schreiben Sie neben den linken Henkel die Handlungen der anderen Person und welche Gefühle dadurch in Ihnen ausgelöst wurden. Schreiben Sie neben den rechten Henkel

Ihre Gemeinsamkeit(en) mit dieser Person und die Werte, die Sie teilen.

2. Schreiben Sie über eine Zeit, in der Sie den Topf gewissermaßen haben fallen lassen, weil Sie viel zu sehr damit beschäftigt waren, den falschen Henkel zu halten.

Tag 48: Mit gutem Beispiel voran

Sokrates wusste ganz genau, dass niemand Herrscher über das Leitprinzip seiner Mitmenschen ist ... Während sich die anderen nach bestem Wissen und Gewissen um ihre Angelegenheiten kümmern, ist er im Einklang mit der Natur und kümmert sich nur um seine Belange, wodurch er zeigt, dass jeder im Einklang mit der Natur sein kann.

Epiktet, *Unterredungen*, 4.5, 4–5

Epiktet erinnert uns daran, dass wir andere Menschen nicht kontrollieren können. Wir können versuchen, sie zu beeinflussen, aber wir können ihr Denken und Handeln nicht kontrollieren. Wenn wir uns damit abfinden, dass unserem Einfluss Grenzen gesetzt sind, können wir zeigen, dass das Leben im Einklang mit der Natur (das ist die stoische Terminologie für ein tugendhaftes Leben) zum Glück führt.

1. Teilen Sie Epiktets Meinung, dass die positive Einflussnahme auf andere wichtiger ist als Kontrolle? Wie können Sie Ihren Mitmenschen als Vorbild dienen?
2. Denken Sie an eine Situation, in der jemand versuchte, Sie zu etwas zu zwingen. Wie ging es Ihnen dabei? Wie viel Kontrolle hatte die Person über Sie? Was können Sie aus dieser Erfahrung lernen?

Tag 48: Mit gutem Beispiel voran

Tag 49: Und wenn es fort wäre?

Denke weniger an das, was dir fehlt, als an das, was du hast: Wähle von den Dingen, die dir gehören, die besten aus, und denke darüber nach, wie eifrig du ihnen nachjagen würdest, wenn du sie nicht schon besäßest.

Mark Aurel, *Selbstbetrachtungen*, 7.27

Es wird heute viel über Dankbarkeit gesprochen, aber Mark Aurel zeigt eine der ältesten und besten Strategien, um dankbar zu bleiben. Denken wir an einige Menschen, Orte und Dinge, die uns sehr am Herzen liegen. Was wäre, wenn wir niemals mit ihnen in Berührung gekommen wären – wie sehr würden wir sie uns herbeiwünschen?

1. Erstellen Sie eine Liste mit mindestens zehn Dingen, ohne die Sie Ihrer Meinung nach nicht leben könnten – Menschen, Gelegenheiten und Ereignisse. Bringen Sie ein imaginiertes Opfer dar und streichen Sie drei Dinge auf der Liste. Wie verändert dieser »Verlust« Ihre Beziehung zu ihnen?
2. Nennen Sie die einflussreichste Person in Ihrem Leben. (Aus Gründen der Logik sollten Sie für diese Übung keine direkten Vorfahren nennen.) Beschreiben Sie, wie Ihr Leben aussehen würde, wenn diese Person niemals darin vorgekommen wäre.

Tag 49: Und wenn es fort wäre?

Tag 50: Sich mit Schlamm bewerfen lassen

Das Programm des Lebens ist dasselbe wie das einer Badeanstalt, Menschenmenge oder Reise: Manchmal wirst du gezielt mit Dingen beworfen, und manchmal trifft es dich zufällig. Das Leben ist kein Zuckerschlecken.

Seneca, *Briefe an Lucilius*, 107.2

Seneca erinnert uns daran, dass es sich manchmal nicht vermeiden lässt, mit Schlamm beworfen zu werden. Wir sollten nicht erwarten, dass das Leben eine endlose Kette tragischer Ereignisse ist, aber wir sollten auch nicht überrascht sein, wenn wir gelegentlich straucheln und stürzen. Resilienz bedeutet, sich den Schlamm aus dem Gesicht zu wischen und seinen Humor zu bewahren.

1. Schreiben Sie über eine Situation, in der Sie mit dem Gesicht voran in den Schlamm fielen, weil Sie einen herben Rückschlag oder eine schwere Niederlage erlitten. Wie reagierten Sie damals? Würden Sie rückblickend Ihre Perspektive verändern? Konnten Sie früher oder später darüber lachen?
2. Beschreiben Sie eine Zeit, in der Sie zufällig in einen Unfall gerieten. Welche Gefühle stiegen damals in Ihnen auf? Auf welche inneren Ressourcen konnten Sie sich berufen, um die Situation zu meistern? Was war Ihre Perspektive, als es vorbei war?

Tag 50: Sich mit Schlamm bewerfen lassen

Tag 51: Überprüfung der Verantwortlichkeit

Ich bin dem Vergnügen zugeneigt; ich werde mich daher in die entgegengesetzte Richtung lehnen, um Verzicht zu üben. Ich bin harter Arbeit abgeneigt; ich werde mich daher auf selbige stürzen, um mir meine Abneigung auszutreiben ... Und so werden verschiedene Menschen auf eigene Weise üben müssen, um verschiedenen Dingen zu begegnen.

Epiktet, *Unterredungen*, 3.12, 7–8

Epiktet fordert uns auf, die Aspekte unseres Lebens zu identifizieren, die am meisten Verbesserung benötigen, bevor wir unsere Anstrengungen auf diese Bereiche konzentrieren. Eine solche Selbstreflexion kann unangenehm und sogar schmerzhaft sein, ist aber unerlässlich, wenn wir unser Leben verbessern wollen. Stoiker stellen sich regelmäßig die folgenden Fragen: *Was ist meine größte Schwäche? Wie weiche ich harter Arbeit aus?*

1. Welche Aspekte Ihres Charakters müssten verbessert werden? Schreiben Sie alles auf, was Ihnen hierzu einfällt. Markieren Sie die drei wichtigsten Punkte, die die größte Auswirkung auf Ihr Leben hätten.
2. Beschreiben Sie, was Sie tun werden, um sich selbst gegenüber verantwortlich zu bleiben. Wenn Sie nicht wissen, wie Sie vorgehen sollen, ist jetzt ein guter Zeitpunkt, um einen Plan auszuarbeiten. Wie definieren Sie Verantwortlichkeit?

Wie zeigt sie sich im Beruf, in Ihrem Privatleben und im Alltag?

Tag 52: Das eigene Temperament zügeln

Nicht die Taten unserer Mitmenschen beunruhigen uns, zumal sie sich von ihren herrschenden Prinzipien leiten lassen – vielmehr sind es unsere eigenen Meinungen, die uns beunruhigen. Wenn man diese Meinung beseitigt und beschließt, Handlungen nicht abzuwerten, wird der Ärger verfliegen.

Mark Aurel, *Selbstbetrachtungen*, 11.18

Wir haben bereits den grundlegenden stoischen Wert der Akzeptanz kennengelernt und wissen, dass die Handlungen anderer nur dann Macht über uns haben, wenn wir es zulassen. Wenn wir das Gefühl haben, ungerecht behandelt worden zu sein, werden wir wütend. Wenn wir aufhören zu glauben, ungerecht behandelt worden zu sein, verfliegt die Wut oft. Ist Wut nicht von dem Gefühl abhängig, Opfer eines Angriffs geworden zu sein? Das Verhalten anderer Menschen kann durchaus beleidigend, ungerecht oder sogar unmoralisch sein, aber Stoiker tragen immer die Verantwortung für ihre Reaktionen.

1. Stimmen Sie Mark Aurel zu, dass nicht die Taten anderer Menschen uns stören, sondern die Meinungen, die wir darüber gebildet haben? Gibt es vielleicht Ausnahmen?
2. Was hilft, schnell über etwas hinwegzukommen? Was macht es schwer oder nahezu unmöglich, die Wut hinter sich zu lassen?

Tag 52: Das eigene Temperament zügeln

Tag 53: In den Schuhen des anderen

Niemand interessiert sich für die Absicht des Täters, sondern nur für seine Tat; wir sollten aber darüber nachdenken, ob er sie vorsätzlich oder irrtümlich begangen hat, ob er sie unter Zwang oder unter falscher Prämisse getan hat ... ob er einen eigenen Nutzen daraus ziehen oder einem Freund dienen wollte.

Seneca, *Von der Wut*, 3.12

Stoiker ermahnen uns, über unsere Wut zu reflektieren. Statt das Schlimmste anzunehmen, rät uns Seneca dazu, eine höhere Warte einzunehmen und über die Motivation der anderen Person nachzudenken. Versucht sie möglicherweise, jemandem zu helfen, möglicherweise sogar Ihnen? Er erinnert uns daran, das Ziel zu verfolgen, ihre Absichten und Handlungen möglichst fair zu deuten.

1. Erinnern Sie sich an das letzte Mal, als Sie sich mit einem Freund oder Familienangehörigen gestritten haben. Erklären Sie den Vorfall aus der Perspektive der anderen Person. Versetzen Sie sich in die Lage Ihres Gegenübers und schreiben Sie aus seinem Blickwinkel einen Brief an sich selbst, der seine Rechtfertigung und Logik offenbart.
2. Zählen Sie fünf Fehler auf, die Sie in Ihrem Leben begangen haben. Denken Sie im nächsten Schritt an jemanden,

mit dem Sie sich regelmäßig streiten oder neulich eine Meinungsverschiedenheit hatten. Welche Fehler hat die andere Person gemacht bzw. welche Fehler macht sie regelmäßig? Gibt es Parallelen zu Ihren eigenen Fehlern?

Tag 54: Dem Steuermann vertrauen

Wie verhalte ich mich auf einer Seefahrt? Welche Möglichkeiten stehen mir zur Verfügung? Ich kann den Steuermann wählen, die Matrosen, den Tag, den Augenblick. Dann zieht ein Sturm auf. Nun gut, muss ich mir den Kopf darüber zerbrechen? Ich habe meinen Teil erfüllt. Jetzt hat ein anderer das Sagen: der Steuermann.

Epiktet, *Unterredungen*, 2.5, 10–11

Ganz gleich, wie viel Macht wir im Leben haben oder welche Position wir bekleiden, wir können Situationen nur bis zu einem gewissen Punkt beeinflussen. Dann müssen wir die Kontrolle abgeben und darauf vertrauen, dass unsere Anstrengungen zum bestmöglichen Ergebnis führen werden. Bei Ereignissen, in denen andere eine Rolle spielen, bedeutet Akzeptanz das Vertrauen darauf, dass diejenigen, denen wir das Steuer des Schiffes anvertraut haben, das Wissen und Können besitzen, um uns in sicheres Fahrwasser zu bringen.

1. Wann haben Sie das letzte Mal jemandem voll und ganz vertraut? Welche Bedingungen lagen vor, die dieses Vertrauen ermöglicht haben? Denken Sie an die Bedingungen, die Sie jetzt bräuchten, um die Kontrolle abzugeben, wenn Ihnen keine Situation einfällt.
2. Wählen Sie einen Lebensbereich, in dem Sie teilweise, aber keine vollständige Kontrolle haben (Gesundheit, Beziehungen, berufliche Projekte und so weiter). Welche An-

strengungen unternehmen Sie momentan, um in diesem Bereich erfolgreich zu sein?

Tag 55: Was wir mit Sicherheit wissen

Als menschliches Wesen lebe ich nicht ewig; ich bin ein Teil des Ganzen, wie eine Stunde ein Teil des Tages ist. Ich muss wie die Stunde kommen und wie die Stunde gehen.

Epiktet, *Unterredungen*, 2.5, 13

Die Auseinandersetzung mit der eigenen Sterblichkeit zählt zu den größten Herausforderungen des Lebens. Aber Epiktet erinnert uns daran, dass der Tod zum Menschsein gehört. Er zählt sogar zu den wenigen Dingen im Leben, die gewiss sind. Die stoische Weisheit hält uns dazu an, Trost in der ewigen Wahrheit zu finden, dass unsere Zeit hier begrenzt ist, wir lernen müssen, unsere Sterblichkeit positiv zu deuten und sie als Teil einer viel größeren Geschichte zu sehen.

1. Welche Gedanken steigen in Ihnen auf, wenn Sie ans Sterben denken? Was geht in Ihrem Körper vor? Tröstet es Sie, wenn Sie sich selbst als Teil eines größeren Ganzen sehen?
2. Das Nachdenken über die Sterblichkeit kann dazu anregen, ins Tun zu kommen. Schreiben Sie den Namen einer Person auf, die Sie heute mehr schätzen werden, eine gesunde Gewohnheit, die Sie heute beginnen werden, und einen kleinen Akt der Güte, den Sie vor dem Zubettgehen ausführen werden.

Tag 55: Was wir mit Sicherheit wissen

Tag 56: Eine wundervolle Leihgabe

Betrachte es als einen großen Segen, dass du einen vortrefflichen Bruder hattest: Denke nicht darüber nach, wie viel Zeit du noch mit ihm hättest haben können, sondern führe dir vor Augen, wie lange er bei dir war. Die Natur gab ihn dir, wie sie anderen Leuten andere Brüder gibt – nicht als absolutes Eigentum, sondern als Leihgabe: Als die Natur es für richtig hielt, holte sie ihn wieder zu sich.

Seneca, *Trostschrift an Polybius*, 10.6

Statt den künftigen Verlust zu betrauern, rät uns Seneca, Dankbarkeit für die Zeit zu empfinden, die wir mit einem geliebten Menschen verbringen dürfen. Diese Philosophie bezieht sich auf alle Arten von Glück – Wohlstand, Karriere, eine wachsende Familie. Für Stoiker ist es unerlässlich, die Vergänglichkeit aller Dinge zu akzeptieren, um Verlustängste zu überwinden. Sie entscheiden sich bewusst dafür, die Schönheit dieses natürlichen Kreislaufs zu feiern und die Menschen und Dinge zu schätzen, solange sie da sind.

1. Denken Sie an jemanden in Ihrem Leben, der Ihnen wichtig ist. Schreiben Sie einen Absatz, in dem Sie diese Person feiern. Was macht sie in Ihren Augen so besonders und wichtig? Drücken Sie Ihre Dankbarkeit dafür aus, dass Sie sie kennen.
2. Schreiben Sie ein oder zwei Absätze über einen geliebten Menschen, den Sie vor Kurzem verloren haben, und feiern

Sie sein Leben. Drücken Sie Ihre Dankbarkeit dafür aus, diese Person gekannt zu haben.

Tag 57: Tugend als Grundpfeiler

Wenn du deine Pflicht erfüllst, sollte es keine Rolle spielen, ob du schwitzt oder frierst; ob du müde oder frisch bist; ob du gelobt oder getadelt wirst; ob du im Sterben liegst oder etwas anderes tust. Denn Sterben ist nur eine von vielen Handlungen, die sich im Leben zutragen: Auch bei dieser Handlung ist es daher angebracht, sich redlich zu bemühen.

Mark Aurel, *Selbstbetrachtungen*, 6.2

Für Mark Aurel bedeutete Pflicht mehr als die Erfüllung seiner Verpflichtungen als römischer Kaiser; es bedeutete auch tugendhaftes Handeln. Die stoische Philosophie besagt, dass jeder von uns in erster Linie die Verantwortung hat, weise, gerecht und mutig zu sein – ob wir eine Besprechung leiten oder eine Krankheit bekämpfen. Wo wir auch sind und was wir auch tun, Stoiker glauben, dass wir stets tugendhaft handeln können.

1. Wenn Ihr Leben morgen vorbei wäre, wie würden Sie bei der Trauerrede in Erinnerung behalten werden wollen? Welche Schritte können Sie unternehmen, um schon heute diese Person zu sein?
2. Was ist im Augenblick die größte Herausforderung in Ihrem Leben? Was bedeutet es, diese Herausforderung durch einen starken moralischen Charakter zu überwinden – mit anderen Worten: tugendhaft zu leben?

Tag 57: Tugend als Grundpfeiler

Tag 58: Feiern und Erholung

Überlege dir, welche vorgenommenen Dinge du erreicht hast und welche nicht; ob es dir Freude oder Schmerz bereitet, dich an sie zu erinnern, und, wenn möglich, auch jene Dinge in Erinnerung zu rufen, die dir entglitten sind. Denn Menschen, die den größten Kampf bestreiten, sollten nicht zurückweichen, sondern auch Schläge einstecken.

Epiktet, *Unterredungen*, 3.25, 1–2

1. Nennen Sie eine Leistung oder Errungenschaft, die Ihnen im letzten Jahr gelungen ist. Was erfüllt Sie mit Stolz? In welchem Zusammenhang steht dieser Stolz zu Ihren anderen Tugenden? Gibt es etwas, das Sie gern ändern würden – um es zu beheben, zu verbessern oder Ihren Frieden damit zu schließen? Was lief aus dem Ruder? Welche Hilfsmittel haben Sie erworben, um besser damit zurechtzukommen?
2. Kehren Sie zu Ihren Zielen von Tag 51 zurück, als es um Verantwortlichkeit ging. Wie weit sind Sie gekommen? Beschreiben Sie kurz Ihren Weg zu jedem Ziel, einschließlich der (eventuell erforderlichen) nächsten Schritte. Setzen Sie sie diese Woche konsequent um.

Tag 58: Feiern und Erholung

Tag 59: Ein unteilbarer Punkt

Wirf alles weg, behalte nur wenige Dinge; und bedenke außerdem, dass jeder Mensch nur in diesem Augenblick lebt, der ein unteilbarer Punkt ist, und dass sein restliches Leben entweder vergangen oder ungewiss ist.

Mark Aurel, *Selbstbetrachtungen*, 3.10

Mark Aurel erinnert uns daran, dass unser Erleben der Welt eine Aneinanderreihung einzelner Augenblicke ist, die untrennbare einzelne Punkte sind, die immer *genau jetzt* stattfinden. Wenn wir uns selbst und die Welt akzeptieren, können wir uns entspannen und uns ganz auf das einlassen, was wir in diesem Augenblick tun. Wir lernen, weder in der Vergangenheit noch in der Zukunft zu verweilen, sondern uns an der Fülle des gegenwärtigen Augenblicks zu erfreuen.

1. Stellen Sie einen Timer auf fünf Minuten. Nehmen Sie Platz und entspannen Sie sich. Beobachten Sie Ihre Gedanken. Denken Sie an die Vergangenheit oder an die Zukunft? Vergessen Sie nicht: Eventuell hochkommende negative Emotionen sind Meinungen, keine Tatsachen. Kehren Sie mit Ihrer Aufmerksamkeit zum gegenwärtigen Augenblick zurück. Schreiben Sie auf, was Ihnen an Ihrer Erfahrung aufgefallen ist, wenn der Timer läutet. Was hat Ihr Geist getan? Was haben Sie über sich selbst erfahren?

2. Beschreiben Sie eine Situation, in der Sie völlig im gegenwärtigen Augenblick versunken waren. Welche Bedingungen lagen damals vor, die diesen Zustand ermöglichten?

Tag 60: Beständige Gelassenheit und Freiheit

Wenn wir alle Dinge vertrieben haben, die uns erfreuen oder beunruhigen, stellen sich beständige Gelassenheit und Freiheit ein ... wir gewinnen eine unermessliche, unveränderliche, anhaltende Freude, ebenso auch inneren Frieden, Gleichmut, Geistesgröße und Güte.

Seneca, *Vom glückseligen Leben*, 3.4

Für Stoiker sind Schmerz und Verlust genauso ein Teil der menschlichen Erfahrung wie Freude und Zufriedenheit. Sie gehören zum Wesen der Welt und *sind schlicht und ergreifend da.* Wenn wir üben, mit dem zu sein, *was ist,* sind wir besser in der Lage, unsere menschliche Erfahrung in ein größeres lebendes System zu integrieren. Das stoische Rezept für inneren Frieden besteht darin, uns unserer Lebendigkeit gewahr zu werden und die Schönheit zu erkennen, die uns umgibt.

1. Ihre inneren Zustände – Ihr Charakter und Ihre Fähigkeit, produktiv auf äußere Ereignisse zu reagieren – führen zu innerer Gelassenheit. Wie können Sie den richtigen Geisteszustand für Gelassenheit schaffen? Welche Übungen und Erinnerungen können Sie in Ihren Tagesablauf integrieren, damit Ihr inneres Klima angenehm bleibt?
2. Schreiben Sie das stoische Zitat auf, das Sie in den letzten 30 Tagen besonders angesprochen hat. Warum spricht es

Sie so an? Sie könnten ein Hintergrundbild für Ihr Smartphone daraus machen, um es sich in den kommenden Tagen immer wieder ins Bewusstsein zu rufen.

Kurs C

Ein tugendhaftes Leben

Bis jetzt haben Sie eine stoische Geisteshaltung kultiviert, um Ihre Selbstwahrnehmung zu vertiefen und mehr Akzeptanz für die Menschen und Dinge aufzubringen, die Ihnen begegnen. In Kurs C geht es darum, Ihren Alltag an Ihrem Lebenszweck und Ihren Werten auszurichten: kurzum, mit mehr Intentionalität zu leben. Wir werden die Beziehung zwischen Großzügigkeit und innerer Freiheit ergründen und der Frage nachgehen, was Integrität mit dauerhaftem Glück zu tun hat. Am Ende Ihrer 90 Tage werden Sie erkennen, welche Disziplin Sie mittlerweile entwickelt haben, um geerdeter, zuversichtlicher, gerechter und weiser – stoischer – in die Welt zu treten.

Tag 61: Von der Reaktion zur Intention

> Wir müssen zügigen Schrittes den besseren Weg einschlagen. In einem solchen Leben gibt es viel Wissenswertes – die Verehrung und Anwendung der Tugenden, das Vergessen der Leidenschaften, das Wissen um Leben und Sterben und ein Leben in tiefer Ruhe.
>
> Seneca, *Von der Kürze des Lebens*, 19.2

Im alten Griechenland wurde die Philosophie als eine Therapie der »Leidenschaften« betrachtet, eine Formulierung, die verwendet wurde, um starke Emotionen wie Angst, Gier oder Neid zu beschreiben. Weil wir die Fähigkeit besitzen, auf unsere Umwelt zu reagieren, verspricht uns der Stoizismus aber Freiheit vom Würgegriff dieser Emotionen. Das Ergebnis ist Seelenfrieden und Gelassenheit. Hier ermahnt uns Seneca, uns auf unsere Tugenden zu besinnen und sie täglich anzuwenden, damit wir uns von unberechenbaren Reaktionen distanzieren und uns an unserem tieferen Lebenszweck ausrichten können.

1. Warum spricht Seneca Ihrer Meinung nach von der »Anwendung« und nicht der »Beherrschung« der Tugenden? Nennen Sie drei Möglichkeiten, wie Sie diese Woche Ihre Kernwerte praktisch anwenden können.
2. Wie kann die Besinnung auf Tugend schädliche Reaktionen eindämmen? Wie kann dieser Wandel Raum für konstruktivere Emotionen und Verhaltensweisen schaffen?

Tag 61: Von der Reaktion zur Intention

Tag 62: Die Kunst des Lebens

Die Philosophie behauptet nicht, Menschen einen äußeren Besitz zu sichern. Dann würde sie etwas tun, das außerhalb ihrer eigentlichen Materie liegt. So wie Holz der Werkstoff des Zimmermanns und Bronze der Werkstoff des Bildhauers ist, genauso ist das Leben eines jeden Menschen die Materie der Lebenskunst.

Epiktet, *Unterredungen*, 1.15, 2

Die Stoiker der Antike bezeichneten die Philosophie manchmal als »Lebenskunst«: Jeder von uns ist ein Künstler, der sein eigenes Leben gestaltet. Unser Arbeitsmaterial sind keine äußeren Dinge (Geld, sozialer Status, beruflicher Erfolg), sondern unser Verstand und Charakter. Indem wir das Material verwenden, das uns zur Verfügung steht – uns selbst –, können wir ein Werk von großer Schönheit und Vortrefflichkeit erschaffen.

1. Welche Aspekte Ihres aktuellen Lebens erscheinen Ihnen wie Kunst? Hegen Sie den Wunsch, mehr davon zu erschaffen?
2. Welche Werkzeuge benutzen Sie als Künstler Ihres eigenen Lebens? (Beispiele: Lesen, Journaling, Meditation, Alltagsroutinen, verschiedene Mentaltechniken.)

Tag 63: Ein disziplinierter Künstler

Was ist deine Kunst? Ein guter Mensch zu sein. Doch wie gelingt dir das? Durch die Einhaltung allgemeiner Grundsätze, die das Wesen des Universums und die richtige Verfassung der Menschheit berücksichtigen.

Mark Aurel, *Selbstbetrachtungen*, 11.5

Jeder Künstler muss einige Grundsätze beherrschen, um seine Schöpfung mit Energie zu beleben. Mit der Kunst des Lebens verhält es sich nicht anders. Mark Aurel erklärt hier, dass wir ein grundlegendes Verständnis für die menschliche Natur und unseren Platz im Kosmos benötigen, um gut zu leben. Wenn wir nichts anderes kontrollieren können als unsere Reaktion auf unsere Umgebung, werden unsere Entscheidungen zur Leinwand, auf die wir unser Leben malen.

1. Wählen Sie eine der vier Kardinaltugenden: Weisheit, Gerechtigkeit, Mut, Mäßigung. Erklären Sie, wie diese Tugend im Laufe dieser Woche Ihre Entscheidungen beeinflussen wird.
2. Welche Tugend scheint in Ihrem gegenwärtigen Leben besonders präsent zu sein? Wie hilft sie Ihnen, sich selbst mit dem großen Gesamtbild, beispielsweise Ihrem Platz im Kosmos, zu verbinden?

Tag 63: Ein disziplinierter Künstler

Tag 64: Die tägliche Einstellung

Sieh, wie ich ohne jede Verwirrung und Hemmung esse, trinke, schlafe, ertrage und entsage, wie ich anderen helfe, wie ich Dinge verfolge oder vermeide, wie ich meine Beziehungen beobachte, ob sie natürlich oder erworben sind; beurteile mich danach, wenn es dir möglich ist.

Epiktet, *Unterredungen*, 4.8, 20

Stoische Ideale sprechen viele an, aber können wir sie in unserem Alltag in die Praxis umsetzen? Gelingt es uns, unsere Prinzipien im Tagesverlauf im Bewusstsein zu halten? Können wir unsere Wünsche und Leidenschaften von Äußerlichkeiten lösen und auf innere Werte wie Weisheit und Mut richten? Stoizismus ist für Epiktet nichts, was man nur in Krisenzeiten anwendet. Er ist ein Lebensstil, an dem man seine Einstellung und sein Verhalten ausrichtet – Tag für Tag.

1. Beschreiben Sie, wie eine gesunde stoische Tugend in den folgenden Situationen in *Ihrem* Leben aussieht: Essen, Schlaf, Impulskontrolle, Beziehungspflege. Identifizieren Sie einen Bereich, in dem Sie gern wachsen würden. Wie könnte dieses Wachstum aussehen?
2. Identifizieren Sie ein Hindernis, das Sie von einem Ziel abhält. Welche Einstellung haben Sie in Bezug auf dieses Hindernis? Wie wirkt sich diese Einstellung auf Ihr Verhalten aus?

Tag 64: Die tägliche Einstellung

Tag 65: Wie ein Smaragd

Was andere auch tun oder sagen mögen, ich muss gut sein, so, als würde das Gold, der Smaragd oder der Purpur immer sagen: Was andere auch tun oder sagen mögen, ich muss Smaragd sein und in meiner Farbe leuchten.

Mark Aurel, *Selbstbetrachtungen*, 7.15

Wenn die Menschen, die Sie umgeben, Ihre Einstellungen und Werte nicht teilen, kann es schwierig sein, unbeliebte Entscheidungen zu treffen. Aber Mark Aurel erinnert uns daran, dass das, was andere über unsere Entscheidungen denken, nichts an unserem wahren Sein ändert. Ein Smaragd ist strahlend grün, ganz gleich, ob ihn jemand betrachtet oder nicht. Wie ein Smaragd bleiben Ihre Kernelemente dieselben, ungeachtet der Meinungen oder Handlungen, die man Ihnen entgegenbringt.

1. Edelsteine haben von Natur aus eine bestimmte Farbe, können aber poliert werden, damit sie mehr funkeln. In welcher Farbe strahlt Ihr Charakter? Für welche Tugend steht dieser Farbton? Identifizieren Sie zwei Arten, wie Sie Ihren Charakter »polieren« können, um Ihr wahres Wesen äußerlich sichtbar zu machen.
2. Viele Edelsteine sind für ihre Härte und Robustheit bekannt. Welche Eigenschaften besitzen Sie, die unveränderlich erscheinen? Wie kann Ihre innere Kraft Ihnen helfen zu strahlen?

Tag 65: Wie ein Smaragd

Tag 66: Die Probleme im richtigen Verhältnis sehen

> Die höchste Vollendung der menschlichen Glückseligkeit ist erreicht, wenn die Seele alle Laster mit Füßen tritt, dem Himmel entgegenstrebt und die tiefsten Winkel der Natur ergründet. Welch Freude es ist, zwischen den Sternen zu wandeln und spottend auf die goldenen Hallen der Reichen und die gesamte Erde mit all ihrem Gold zu blicken!
>
> Seneca, *Naturwissenschaftliche Untersuchungen*, Einleitung

Stoiker erinnern uns, dass wir unser Zuhause nicht verlassen müssen, um eine heilende Erfahrung zu machen: Der Himmel über uns ist immer da, wenn wir Trost suchen und reflektieren wollen. In unserem hektischen Leben müssen wir hin und wieder eine Pause einlegen – und nach oben sehen. Indem wir unseren Blick auf die Unendlichkeit des Kosmos und die Erhabenheit unseres eigenen Planeten richten, erkennen wir unsere eigenen Einschränkungen und sehen unsere Probleme im richtigen Verhältnis.

1. Hatten Sie jemals eine Naturerfahrung, die Sie zu einem tieferen Verständnis Ihres eigenen Lebens geführt hat?
2. Stellen Sie einen Timer auf fünf Minuten und suchen Sie einen Ort auf, um den Himmel zu bewundern. Welche Gedanken steigen auf? Notieren Sie drei oder vier Möglichkeiten, wie Sie sich mit der Natur verbinden können, ohne das Haus zu verlassen.

Tag 67: Die Macht der Entscheidung

Frei ist der, der so lebt, wie er will, der weder Zwang, Hindernis, noch Gewalt unterliegt, dessen Entscheidungen ungehindert sind, dessen Begierden ihr Ziel erreichen, dessen Abscheu nicht in das hineingerät, was verabscheut wird.

Epiktet, *Unterredungen*, 4.1, 1

Viele Menschen sehnen sich danach, frei von Einschränkungen und Verpflichtungen zu sein. Wir wünschen uns mehr Geld, mehr Zeit oder Dinge, die wir nicht erreichen können. Epiktet versteht unter Freiheit den freien Willen: wählen zu können. Stoiker raten uns dazu, sich keine anderen Umstände herbeizuwünschen, sondern unsere Einstellungen und Entscheidungen so anzupassen, dass sie sich mit unseren Verpflichtungen decken. Freiheit bedeutet, das zu nutzen, was wir immer unter Kontrolle haben: einen tadellosen Charakter und ehrenwerte Entscheidungen.

1. Nennen Sie eine aktuelle Situation, die für Sie mit Verpflichtungen oder Einschränkungen verbunden ist. Können Sie Freiheit als innere Qualität definieren – als die Macht, Ihre eigene Reaktion zu wählen? Wie sieht diese Art von Freiheit aus?
2. Zeichnen Sie drei Spalten. Tragen Sie in die erste Spalte drei Dinge ein, die Sie in Ihrem Leben gern verändern möchten. Schreiben Sie in die mittlere Spalte drei Tugen-

den, die Sie anwenden können, um die jeweilige Veränderung zu realisieren. Zählen Sie in der letzten Spalte drei Entscheidungen auf, die Sie treffen können, um die jeweilige Situation zu beeinflussen.

Tag 68: Netz des Mitgefühls

Das erste, was die Philosophie zu geben sich verpflichtet, ist Mitgefühl für alle Menschen; mit anderen Worten, Sympathie und Geselligkeit.

Seneca, *Briefe an Lucilius*, 5.4

Der Stoizismus will einzelnen Menschen helfen, aber in seinem Kern folgt er kollektiven Prinzipien: Zuneigung, Güte und die Fähigkeit, mit anderen zu interagieren und sie zu respektieren. Stoiker glauben, dass Menschen von Natur aus soziale Wesen sind, die dafür geschaffen sind, zusammenzuleben und miteinander zu kooperieren. Aber er unterscheidet auch zwischen emotionalem Mitgefühl, das zu Burn-out führt, und rationalem Mitgefühl. Wenn wir mit rationalem Mitgefühl handeln, entspringt unsere Güte einem tiefen und soliden Verständnis unserer Verbindung zu anderen Menschen (und keiner emotionalen Reaktion). So ist es uns möglich, stark und fürsorglich zu bleiben – ganz gleich, was um uns herum geschieht.

1. Teilen Sie die Meinung, dass wir nicht nur unserer Familie und unseren Freunden, sondern allen Menschen gegenüber »Gemeinschafts-Gefühl« entgegenbringen sollten? Auf welche Weise wirkt sich Ihr Leben auf Menschen in anderen Städten oder anderen Ländern aus?
2. Beschreiben Sie, wie es ist, sich um eine andere Person zu kümmern. Schreiben Sie über die Zuneigung, die Sie für diese Person empfinden. Wie bereichert Ihre Zuneigung Ihr Leben?

Tag 68: Netz des Mitgefühls

Tag 69: Urteil im Kreuzverhör

Nur das Tun, das aus gutem Urteilsvermögen erwächst, ist gelungen, während das, was aus schlechtem Urteilsvermögen erwächst, fehlerhaft ist. Doch solange du nicht weißt, wovon sich jemand bei der Ausführung seiner Handlungen leiten lässt, darfst du ihn weder loben noch tadeln.

Epiktet, *Unterredungen*, 4.8, 3

Epiktet erinnert uns, dass wir kein vorschnelles Urteil über unsere Mitmenschen treffen dürfen, weil wir normalerweise nicht genug wissen, um sie korrekt einzuschätzen. Vielleicht gibt es eine Erklärung für das, was sie tun – etwas, wovon wir noch nichts wissen. Die stoische Weisheit fordert uns dazu auf, im Zweifel zugunsten der anderen Person zu entscheiden. Nur wenn wir ihre Absichten kennen, können wir ihre Handlungen weise beurteilen.

1. Können Sie sich daran erinnern, wie Sie einmal ein Urteil über jemanden trafen und später feststellten, dass Sie sich geirrt hatten? Welches Urteil trafen sie? Wie hätte sich die Situation verändert, wenn Sie nicht vorschnell geurteilt hätten?
2. Denken Sie an eine aktuelle Beurteilung. Werfen Sie nun einen genaueren Blick darauf. Entspricht sie der Wahrheit? Welche Beweise liegen vor, die zeigen, dass dieses Urteil fehlerhaft ist? Rufen Sie wichtige Zeugen in den Zeugenstand (zum Beispiel die Person, die Sie beurteilt haben) und hören Sie, was sie zu sagen haben.

Tag 69: Urteil im Kreuzverhör

Tag 70: Sich anpassen heißt lieben

> Passe dich den Dingen an, die dir dein Schicksal zugedacht hat: Liebe die Menschen, die dir zuteilgeworden sind, doch tu dies aufrichtig, mit ganzem Herzen.
>
> Mark Aurel, *Selbstbetrachtungen*, 6.39

Für Mark Aurel ist Akzeptanz der Schlüssel zu innerer und äußerer Liebe. Manchmal bedeutet das, die eigenen Erwartungen darüber, wie sich andere zu verhalten haben, anzupassen. Wenn wir unsere Erwartungen loslassen, werden wir nicht nur gütiger; wir lieben auch aufrichtiger und erleben beständigeres Glück. Anpassungsfähigkeit ist in diesem Sinn mit Frieden gleichzusetzen.

1. Stellen Sie einen Timer auf eine Minute. Denken Sie an eine geliebte Person und erinnern Sie sich an ihre bewundernswerten Eigenschaften und die schönen Erlebnisse, die Sie miteinander verbinden. Was steigt in Ihnen auf? Wie fühlen Sie sich?
2. Stellen Sie einen Timer auf eine Minute. Denken Sie an jemanden, mit dem Sie nicht zurechtkommen. Zählen Sie möglichst viele gute Eigenschaften dieser Person auf. Was übersehen Sie, wenn Sie sich in die Lage dieser Person versetzen?

Tag 71: Ein zweiter Blick auf Begierde

Die Menschen ergötzen sich an Begierden und bekommen nicht genug davon, wenn sie erst einmal Gewohnheit geworden sind, und deshalb sind sie besonders beklagenswert – sie haben einen Punkt erreicht, an dem das, was einst überflüssig war, unentbehrlich geworden ist. Und so sind sie die Sklaven ihrer Begierden, statt diese zu genießen.

Seneca, *Briefe an Lucilius*, 39.6

Seneca erinnert uns an die heikle Beziehung zwischen Begierde und Unzufriedenheit. Sobald wir in einen Konsumkreislauf geraten – und ständig etwas Neues haben wollen –, verlieren wir die Kontrolle über unsere innere Erfüllung. Wenn man nicht ohne das Objekt der Begierde oder die Erfahrung leben kann, dieses Ding *unbedingt* haben zu müssen, besitzt man dann wirklich sein Glück? Stoiker vertreten die Auffassung, dass wir eine wertvolle Freiheit erlangen, wenn unser Wohlbefinden nicht von materiellen Gütern abhängig ist.

1. Ohne welches Objekt können Sie Ihrer Meinung nach nicht leben? Wie würde Ihr Leben aussehen, wenn Sie eine Woche lang darauf verzichten würden?
2. Welche Dinge kaufen Sie gewohnheitsmäßig? Erkennen Sie ein Muster? Wie fühlen Sie sich, wenn Sie den Kauf tätigen? Wie lange hält dieses Gefühl an?

Tag 71: Ein zweiter Blick auf Begierde

Tag 72: Seine Entschlossenheit auf den Prüfstand stellen

Deine aktuelle Meinung, die auf Verständnis beruht, dein aktuelles Verhalten, das auf das Gemeinwohl gerichtet ist, und deine aktuelle Haltung der Zufriedenheit mit allem, was geschieht – das ist genug.

Mark Aurel, *Selbstbetrachtungen*, 9.6

Wahre Zufriedenheit bedeutet für Stoiker, Frieden mit den aktuellen Umständen zu schließen – ganz gleich, wie sehr sie unsere Charakterstärke auf die Probe stellen. Das bedeutet, dass wir an uns arbeiten müssen, um das zu akzeptieren, was uns und unserem Umfeld widerfährt. Wenn wir unsere Argumentationsfähigkeit entwickeln, andere gleichbehandeln und eine tiefe Akzeptanz der Freuden und Leiden der Welt kultivieren, ermächtigen wir uns selbst, ein zufriedenes Leben zu führen.

1. Schreiben Sie eine Erkenntnis auf, die Sie im letzten Jahr gewonnen haben, eine mitfühlende Handlung, um jemandem zu helfen, und eine Tatsache, die Sie zunächst nicht akzeptieren konnten oder wollten, mit der Sie sich aber abgefunden haben. Machen Sie anschließend eine Pause und nehmen Sie sich einen Augenblick Zeit, um in sich hineinzuhören und Ihre Gefühle wahrzunehmen.
2. Entwerfen Sie eine fingierte Nachricht für die sozialen Medien, in der Sie Ihren Freunden erklären, dass Sie auf eine bestimmte Aktivität oder einen bestimmten Einkauf ver-

zichten werden, weil Sie mit dem, was Sie bereits haben, zufrieden sind.

Tag 73: Das Geschäftigkeitsbarometer

Sei in deinem Tun nicht träge, rede nicht ohne Sinn und Verstand, lasse deine Gedanken nicht ziellos schweifen, sorge dafür, dass sich deine Seele weder innerlich noch äußerlich verliert, und verhindere in deinem Leben eine Geschäftigkeit, die so rege ist, dass dir keine Zeit zur Muße bleibt.

Mark Aurel, *Selbstbetrachtungen*, 8.51

Stoiker glauben, dass es wichtig ist, sich Zeit für Aktivitäten zu nehmen, die unsere Seele nähren und uns helfen, den Kopf frei zu bekommen. Manchmal bedeutet das, auf gesellige Treffen zu verzichten, manchmal bedeutet das, Erfahrungen zu teilen oder tiefschürfende Gespräche zu führen. Es ist entscheidend, die Aufmerksamkeit auf sich selbst zu richten und sich diesem »Freizeitvergnügen« bewusst zu widmen. Wenn wir ständig beschäftigt sind, riskieren wir, den Kontakt zu unserem Barometer zu verlieren, das uns sagt, wann wir uns auf andere einlassen sollen und wann nicht. Wenn wir Ablenkungen begrenzen, kommen wir den Gedanken und Aktivitäten näher, die uns wirklich erfüllen.

1. Erstellen Sie eine Liste mit dem »Junkfood«, das Sie Ihrem Geist bisweilen vorsetzen. Was geschieht, wenn Sie zu viel davon konsumieren? Überlegen Sie sich, wie sich dieses Verhalten auf Ihre geistige, körperliche und seelische Gesundheit auswirkt.

2. Auf welche Freizeitaktivitäten können Sie sich konzentrieren, um Ihren Geist zu erfrischen und Ihre Seele zu beleben?

Tag 74: Die Aufmerksamkeit halten

Warum kannst du deine Aufmerksamkeit nicht halten? »Heute will ich spielen.« Was hindert dich daran zu spielen – aber mit Aufmerksamkeit? »Ich will singen.« Was soll dich daran hindern zu singen – aber mit Aufmerksamkeit? … Wird dein Tun durch Aufmerksamkeit schlechter und durch Unaufmerksamkeit besser? Kann es im Leben Dinge geben, die besser von jenen erledigt werden, die unaufmerksam sind?

Epiktet, *Unterredungen*, 4.12, 3–5

Sie haben vielleicht schon einmal den folgenden Satz gehört: »Energie folgt Aufmerksamkeit.« Das ist die Essenz eines stoischen Kernprinzips, das die Aufmerksamkeit mit Dingen wie Einstellung, Meinung, Entscheidungsfreiheit und Handlung verbindet. Je mehr Aufmerksamkeit wir auf unsere Umgebung und unsere Erfahrung derselben richten, umso absichtsvoller können wir Entscheidungen treffen. Für Stoiker ist es weniger die Handlung, die zählt, als vielmehr die Intentionalität, die wir mitbringen.

1. Betrachten Sie die Aufmerksamkeit als ein Schlaglicht, das das Objekt erhellt, das im Mittelpunkt steht. Nennen Sie mindestens fünf Dinge, die Sie in Ihrem Leben erhellen möchten. Welche Maßnahme können Sie heute ergreifen, um sich auf diese Dinge zu konzentrieren?

2. Wann haben Sie sich das letzte Mal voll und ganz auf ein Projekt oder eine Aktivität konzentriert? Welche Bedingungen lagen vor, die diese Aufmerksamkeit ermöglichten?

Tag 75: Freundlichkeit als natürlicher Zustand

Freundlichkeit verbietet dir nicht nur Überheblichkeit gegenüber deinen Vertrauten, sondern auch Habgier. In Worten, Taten und Gefühlen zeigt sie sich stets sanft und zuvorkommend.

Seneca, *Briefe an Lucilius*, 88.30

Wir alle haben schon einmal eine Situation erlebt, in der jemand seine Interessen viel zu energisch durchsetzen wollte und unsere Liebe, Anerkennung oder Aufmerksamkeit lautstark einforderte. Kaum etwas veranlasst uns mehr dazu, das Weite zu suchen. Der Stoizismus mahnt uns zur Behutsamkeit im Umgang mit anderen – Freundlichkeit muss weder laut noch fordernd sein. Menschen haben von Natur aus Freude daran, ihre Zeit und Ressourcen zu teilen. Wenn wir diese großzügige Einstellung zulassen, spüren wir einen Zustand der Gelassenheit, von der unsere Mitmenschen auf stille – aber kraftvolle – Weise profitieren.

1. Beschreiben Sie das letzte Mal, als jemand nett zu Ihnen war, ohne etwas im Gegenzug zu erwarten. Was konnten Sie dank dieser Güte tun oder spüren?
2. Denken Sie an drei Menschen, denen Sie Ihre Freundlichkeit entgegenbringen möchten. Überlegen Sie sich jeweils eine kleine Geste, die zeigt, dass Sie sie schätzen oder sehen. Schreiben Sie auf, wie Sie Ihre Freundlichkeit frei und

absichtslos zum Ausdruck bringen wollen, ohne eine Form von Anerkennung für Ihr Tun zu erwarten.

Tag 76: Mitgefühl als Gerechtigkeit

Was macht dich unzufrieden? Die Durchtriebenheit der Menschen? Erinnere dich an die Schlussfolgerung, dass vernunftbegabte Wesen füreinander da sind, dass Duldsamkeit ein Teil der Gerechtigkeit ist und dass die Menschen nicht willentlich Unrecht tun.

Mark Aurel, *Selbstbetrachtungen*, 4.3

Die Stoiker der Antike glaubten, dass die Menschen nicht willentlich Unrecht begehen. Niemand will vorsätzlich »Falsches« tun; vielmehr ist die Person von der Richtigkeit ihres Tuns überzeugt, auch wenn es in unseren Augen fehlgeleitet scheint. Wenn wir uns dieser Tatsache bewusst sind, können wir Mitgefühl für jene aufbringen, die uns zunächst verstimmen, frustrieren oder wütend machen. Der stoische Gerechtigkeitsbegriff gibt vor, allen Menschen mit Empathie und Respekt zu begegnen, auch wenn wir mit ihrem Tun in keiner Weise einverstanden sind.

1. Einige der größten politischen und spirituellen Führungspersönlichkeiten zeichnen sich durch ihre Friedfertigkeit im Umgang mit ihren Widersachern aus. Warum bewundern wir Menschen, die dazu fähig sind, ihre persönlichen oder politischen Gegner mit Respekt oder sogar mit Mitgefühl zu behandeln? Was sagt das über ihren Charakter aus?
2. Nennen Sie eine Person, bei der Ihnen regelmäßig der Geduldsfaden reißt. Was könnte sie zu der Annahme veranlassen, ihr Tun sei richtig? Wie könnten Sie mehr Mitge-

fühl zeigen, wenn Sie sich vor Augen führen, dass sich die andere Person nicht willentlich falsch verhält?

Tag 77: Kontext ist das A und O

Wir dürfen nicht vergessen, wer wir sind und woher wir kommen, und wir müssen danach streben, unser Tun auf die Erfüllung unserer Pflichten zu richten, um unseren sozialen Beziehungen gerecht zu werden. Wir dürfen nicht vergessen, wann die Zeit richtig ist, um zu musizieren oder zu spielen – und mit wem; auch wann etwas unpassend ist; damit weder unsere Gefährten noch wir selbst uns verachten.

Epiktet, *Unterredungen*, 4.12, 16–17

Wir alle tun verschiedene Dinge, die abhängig von unseren Umständen, Rollen, Talenten und Wesenszügen in unserem Leben angemessen sind. Stoiker erinnern uns daran, dass die sorgfältige Reflexion über unsere Rollen und sozialen Beziehungen – wobei der Kontext im Vordergrund steht – uns zu einem Verhalten führen kann, das andere zu schätzen wissen und uns mit Stolz erfüllt.

1. Erstellen Sie eine Liste mit allen Rollen, die Sie im Leben einnehmen. Gibt es Überschneidungen? Widersprüche? Wie beeinflussen Ihre wichtigsten Rollen Ihre Entscheidungen und Handlungen? Identifizieren Sie mindestens eine Situation, die sich kürzlich zugetragen hat, in der Ihre Rolle(n) Ihre Entscheidungen beeinflusste(n).
2. Schreiben Sie über eine Zeit, in der Ihre Handlungen eine positive Wirkung auf Ihre Umgebung hatten. Denken Sie jetzt an eine andere Situation, in der dieselben Handlungen das Gegenteil bewirkt hätten. Beschreiben Sie die Um-

stände – den Kontext –, die zu diesem anderen Ergebnis geführt haben.

Tag 78: Vorbilder identifizieren

Wähle einen Lehrer, dessen Leben, Redeweise und ausdrucksstarke Mimik dich beeindruckt hat; stelle ihn dir immer als deinen Beschützer oder dein Vorbild vor. Denn wir müssen jemanden haben, an dem wir unseren Charakter messen können; man kann das Krumme nur dann begradigen, wenn man ein Lineal benutzt.

Seneca, *Briefe an Lucilius*, 11.10

Stoiker glauben, dass Vorbilder uns eine Vorlage für ein gutes Leben geben. Wenn wir uns hinsichtlich unseres Verhaltens unsicher sind, sollen wir uns den Stoikern zufolge die Frage stellen, wie unser Vorbild in einer ähnlichen Situation reagieren würde. Die Besinnung auf ein Vorbild – auf einen Stoiker oder jemanden, der nach einem tugendhaften Leben strebt – kann uns helfen, unseren Grundsätzen treu zu bleiben.

1. Denken Sie an die Vorbilder in Ihrem Leben, es kann sich hierbei um Menschen in Ihrem unmittelbaren Umfeld handeln oder um Personen des öffentlichen Lebens. Gibt es zurzeit Vorbilder, denen Sie nacheifern? Welche Tugenden repräsentieren sie? Wie wirkt(e) sich ihr Leben auf andere Menschen aus?
2. Identifizieren Sie eine Herausforderung, der Sie sich zurzeit stellen müssen. Wie würde Ihr Vorbild mit dieser Situation umgehen? Von welchen Tugenden würde sich diese Person (und Sie) leiten lassen?

Tag 78: Vorbilder identifizieren

Tag 79: Der Preis der Gier

»Ja«, sagst du, »aber dem Arglistigen geht es besser«. In welcher Hinsicht? Wenn es um Geld geht; denn in dieser Hinsicht ist er dir überlegen, weil er schmeichelt, hemmungslos ist, nachts kein Auge zutut. Was ist daran überraschend? Aber schaue und prüfe, ob es ihm besser geht als dir, der du treu und rücksichtsvoll bist. Du wirst feststellen, dass dies der Fall ist; in den Bereichen, in denen du überlegen bist, wirst du merken, dass es dir besser geht als ihm.

Epiktet, *Unterredungen*, 3.17, 2–3

Wenn wir sehen, wie selbstsüchtige Menschen vorankommen, ist die Versuchung groß zu glauben, dass die Welt ungerecht ist. Aber Epiktet kehrt unsere Perspektive um. Wenn Menschen gierig handeln, tauschen sie etwas wahrhaft Wertvolles (ihren guten Charakter) gegen etwas nahezu Wertloses ein (einen materiellen Vorteil). Wenn wir die Konsequenzen dieses Handelns bedenken, kann uns die Ausrichtung an unseren Werten helfen, nachts ruhig zu schlafen.

1. Wie beeinflusst Ihre Einstellung zu materiellem Besitz Ihren Alltag und Ihre Entscheidungen?
2. Schreiben Sie über eine Situation, in der Ihnen Ihr guter Charakter wichtiger war als Äußerlichkeiten wie Errungenschaften, Beliebtheit oder Geld.

Tag 79: Der Preis der Gier

Tag 80: Integrität ohne Pauken und Trompeten

Weißt du nicht, dass ein guter und vortrefflicher Mensch nichts um des schönen Scheins willen tut, sondern nur um der richtigen Handlung willen?

Epiktet, *Unterredungen*, 3.24, 50

Tugendhaftes Handeln geschieht oft, wenn niemand zusieht. Große Stoiker wie Epiktet erinnern uns daran, dass die richtige Handlung immer richtig ist, auch wenn niemand da ist, der sich positiv über unser Tun äußert. Wenn wir versucht sind, etwas um des Lobes willen zu tun, sollen wir den Stoikern zufolge handeln, um unseren Charakter zu wahren – nicht, um andere zu beeindrucken oder zufriedenzustellen. Die Tugend ist ihr eigener Lohn.

1. Denken Sie an ein Vorbild, das integer gehandelt hat, als niemand es verstand oder seine Handlungen geschätzt hat. Von welchen Werten ließ sich diese Person leiten? Welche Aspekte ihres Charakters bewundern Sie?
2. Schreiben Sie über eine Situation, in der Sie etwas Lobenswertes taten, dafür aber keine Anerkennung erhielten. Wie fühlten Sie sich? Von welchen Werten ließen Sie sich leiten? Würden Sie es wieder tun?

Tag 80: Integrität ohne Pauken und Trompeten

Tag 81: Seines eigenen Glückes Schmied

Glückhaben bedeutet, dass man sich ein glückliches Los zugewiesen hat: und ein glückliches Los ist die gute Veranlagung der Seele, gute Gefühle, gute Taten.

Mark Aurel, *Selbstbetrachtungen*, 5.37

Statt darauf zu warten, dass »gute« Dinge passieren, raten uns die Stoiker, unser eigenes Glück zu schmieden, indem wir das Gute in uns entwickeln. Mark Aurel setzt *gut* mit *tugendhaft* gleich, und wir wissen bereits, dass die Tugend ihr eigener Lohn ist. Besser noch: Wenn wir unsere Emotionen und Handlungen an der Weisheit orientieren, bringen wir eine konstruktive Energie in unser Leben, die auf unsere Mitmenschen ausstrahlt und eine konstruktive Kettenreaktion auslöst. Stoiker stellen eine zentrale Frage: Welches Schicksal werden Sie sich selbst zuweisen?

1. Welche guten Emotionen und Handlungen nehmen Sie heute wahr? Registrieren Sie im Laufe der nächsten 24 Stunden Augenblicke, in denen Ihnen diese positive Energie Glück gebracht hat.
2. Denken Sie an ein Projekt, an dem Sie gerade arbeiten. Identifizieren Sie zwei Dinge, die Sie heute tun können, um Ihr eigenes Glück zu schmieden. Kann die Veränderung Ihrer Einstellung mehr konstruktive Energie erzeugen?

Tag 81: Seines eigenen Glückes Schmied

Tag 82: Was beherrscht mich?

Beeile dich, dein Leitprinzip zu untersuchen wie auch das des Universums und deines Nächsten: Schaue auf dich selbst, um dich in Gerechtigkeit zu üben; auf das Universum, um dir vor Augen zu führen, wovon du ein Teil bist; und auf deinen Nächsten, um in Erfahrung zu bringen, ob er unwissend oder vorsätzlich gehandelt hat, und bedenke, dass sein Leitprinzip dem deinen ähnelt.

Mark Aurel, *Selbstbetrachtungen*, 9.22

Mark zählt drei Aspekte des Lebens auf, die wir regelmäßig prüfen sollten: unseren Geist, das Universum und unsere Mitmenschen. Diese Aspekte entsprechen den drei stoischen Prinzipien der Logik, Physik und Ethik. Um wie die großen Stoiker zu leben, müssen wir uns im Laufe unseres hektischen Alltags immer wieder die Zeit nehmen, um unsere Entscheidungen und Handlungen in allen drei Disziplinen zu prüfen.

1. Wie haben Sie gestern versucht, die Dinge klar und genau zu sehen? Wie oft haben Sie auf Ihre Gedanken, Einstellungen und Entscheidungen geachtet?
2. Auf welche Weise haben Sie Ihren Mitmenschen Mitgefühl entgegengebracht? Was hilft Ihnen, sich daran zu erinnern, dass Menschen nicht vorsätzlich Unrecht tun?
3. Was verbindet Sie mit der übergeordneten menschlichen Erfahrung?

Tag 82: Was beherrscht mich?

Tag 83: Dankbarkeit kultivieren

Wir sollten stets versuchen, größte Dankbarkeit zu empfinden. Denn mit Dankbarkeit tun wir uns selbst etwas Gutes – was man von der Gerechtigkeit nicht immer behaupten kann, die sich in der Regel auf andere bezieht. Dankbarkeit kehrt in hohem Maße zu sich selbst zurück. Es gibt nicht einen Menschen, der sich nicht selbst hilft, indem er seinem Nächsten hilft.

Seneca, *Briefe an Lucilius*, 81.19

Seneca erinnert uns, dass der Hauptnutznießer der Dankbarkeit der Dankbare ist. Wenn wir soziale Beziehungen – und das Universum – mit Großzügigkeit betrachten, kultivieren wir ein Gefühl der Erfüllung und des Wohlbefindens. Indem wir neue Wege finden, dankbar zu sein, können wir neue Möglichkeiten für Zugehörigkeit und Zufriedenheit erschaffen.

1. Musik eignet sich hervorragend, um sich mit seinen Gefühlen zu verbinden und bleibende Erinnerungen aufzubauen. Identifizieren Sie zwei Menschen, denen Sie mehr Dankbarkeit entgegenbringen wollen, und weisen Sie ihnen ein »Dankbarkeits-Titellied« zu. Halten Sie fest, wie das Lied eine Besonderheit der Person zum Ausdruck bringt. (Spielen Sie das Lied gedanklich ab, wenn Sie diese Person sehen!)
2. Wie verändert sich Ihr Tag, wenn Sie als Morgenritual Dankbarkeit zum Ausdruck bringen? Was hält Sie davon ab, diese Übung jeden Tag anzuwenden?

Tag 83: Dankbarkeit kultivieren

Tag 84: Sich an seinen Gefährten erfreuen

Wenn du dich erfreuen willst, denke an die Tugenden deiner Mitmenschen; zum Beispiel an die Aktivität des einen, die Bescheidenheit des anderen, die Großzügigkeit eines dritten und die andere gute Eigenschaft eines vierten. Denn nichts erfreut so sehr wie die Ausprägungen der Tugend, wie sie sich – hoffentlich möglichst umfangreich – im moralischen Tun unserer Mitmenschen zeigen. Darum müssen wir sie uns vor Augen halten.

Mark Aurel, *Selbstbetrachtungen*, 6.48

Mark Aurel gibt uns ein praktisches Hilfsmittel, um unser Ego unter Kontrolle zu halten: Wir sollen uns an den Tugenden unserer Mitmenschen erfreuen und ihr breites Spektrum würdigen. Wenn wir uns auf die guten Qualitäten unserer Mitmenschen konzentrieren, kultivieren wir Dankbarkeit und tragen zu einem Haushalt oder einer Gemeinde bei, in der Fülle herrscht.

1. Denken Sie an eine nahestehende Person und ihre drei besten Wesenszüge. Danken Sie ihr für jede Eigenschaft. Denken Sie jetzt an jemanden, dem Sie nicht besonders nahestehen. Fallen Ihnen gute Eigenschaften ein? Danken Sie auch dieser Person und reichen Sie ihr wohlwollend die Hand.

2. Welche Veränderungen bemerken Sie in Ihrer Einstellung, wenn Sie an die Tugenden Ihrer Mitmenschen denken? Wie können Sie diese Denkweise fördern?

Tag 85: Den eigenen Flow finden

Wenn man beschäftigt und in seine Arbeit versunken ist, verschafft die Versenkung große Freude; wenn man seine Hand von dem vollendeten Meisterwerk zurückzieht, schwindet die Freude jedoch. Fortan sind es die Früchte deiner Kunst, die du genießt; beim Malen war es die Kunst selbst, die du genossen hast.

Seneca, *Briefe an Lucilius*, 9.7

Vor 2000 Jahren identifizierte Seneca das moderne Konzept des *Flows*: vollständig und glückselig in seiner Tätigkeit versunken zu sein. Wenn das Leben unsere Kunst ist, können wir jede unserer Handlungen als schöpferischen Selbstausdruck sehen. Wenn wir unsere Aufmerksamkeit von der Fixierung auf das Ergebnis wegrichten und uns darauf konzentrieren, tiefe Freude am Tun selbst zu finden, können wir uns dem kreativen Prozess des Lebens voll und ganz hingeben.

1. Denken Sie an Ihre glücklichsten schöpferischen Augenblicke. Beschreiben Sie Ihr Erleben des Flows.
2. Stellen Sie sich vor, ein Tag in Ihrem Leben wäre Ihr nächstes kreatives Ziel. Wie können Sie profane Tätigkeiten wie Aufstehen, Zähneputzen, zur Arbeit gehen und so weiter in entspannter Konzentration ausführen?

Tag 85: Den eigenen Flow finden

Tag 86: Aus Fehlern lernen

Was nun? Ist es denn überhaupt möglich, fehlerlos zu sein? Nein, das ist nicht möglich, aber wir können uns bemühen, Fehler zu vermeiden. Wir dürfen zufrieden sein, wenn es uns gelingt, mindestens eine Handvoll Fehler zu vermeiden, indem wir mit unserer Aufmerksamkeit niemals nachlässig werden.

Epiktet, *Unterredungen*, 4.12, 19

Epiktet zeigt uns, dass uns das Streben nach Meisterschaft die Möglichkeit gibt, uns kontinuierlich unserem Ziel zu nähern, obwohl wir wissen, dass wir niemals vollkommen sein werden. Es ist nicht möglich, vollkommene Weisheit oder Tugendhaftigkeit zu erreichen, aber das heißt nicht, dass Weisheit und Tugend keine ehrenwerten Ziele wären. Es läuft auf Aufmerksamkeit (sind wir gewillt, unsere Fehler in den Mittelpunkt zu rücken?) und Intention (wird uns das weiser machen?) hinaus. Wenn wir bereit sind, an uns zu arbeiten, sind wir auf dem richtigen Kurs und können das meiste aus unseren menschlichen Fehlern machen.

1. Nehmen Sie sich eine Minute Zeit, um einen Fehler zu beschreiben, der Ihnen vor Kurzem unterlaufen ist. Lesen Sie das Geschriebene durch. Beschreiben Sie diesen Fehler erneut, diesmal aber mit mehr Empathie für sich selbst.
2. Denken Sie an eine Situation zurück, in der Ihnen ein Fehler unterlief. Fiel es Ihnen schwer, Frieden mit diesem Fehler zu schließen? Zählen Sie eine Tugend auf, die Ihnen in

dieser Situation gute Dienste leisten würde, falls sie – oder etwas Vergleichbares – noch einmal eintreten sollte.

Tag 87: Nicht übertreiben

Philosophie erfordert ein schlichtes Leben, aber nicht als Strafe; und wir können ohne Weiteres sowohl schlicht als auch ordentlich sein. Das ist der Ansatz, den ich befürworte; unser Leben sollte zwischen dem Leben eines Weisen und dem Leben der allgemeinen Welt liegen; alle Menschen sollten es bewundern, aber auch verstehen.

Seneca, *Briefe an Lucilius*, 5.5

Wenn wir eine hilfreiche neue Lebensweise finden, ist die Versuchung groß, begeistert loszustürmen. Aber Seneca rät zur Mäßigung, selbst wenn wir eine weise und gesunde Lebensweise anstreben. Wir wollen keinen Burn-out erleben, und wir wollen nicht in Dogmatismus verfallen. Das Ziel ist es, den Stoizismus so in unser Leben zu integrieren, dass er uns hilft, ein weises, maßvolles und mutiges Leben zu führen – und andere zu selbigem zu inspirieren. Wie ein Weiser, aber nicht begrenzt auf ein Land der Weisen.

1. Was meint Seneca mit »schlichtes Leben, aber nicht als Strafe«? Gibt es in Ihrem Leben eine Grenze zwischen einem einfachen, authentischen Leben und übertriebenem Verzicht?
2. Wie können Sie Ihren alltäglichen Verantwortungen nachgehen und gleichzeitig ein Leben führen, das reich an stoischer Tugendhaftigkeit ist? Wie würde ein optimales Gleichgewicht in Ihrem Leben aussehen?

Tag 87: Nicht übertreiben

Tag 88: Ein Rückzugsort für die Seele

Die Menschen suchen nach einem Rückzugsort für sich selbst, ein Haus auf dem Land, am Meer und in den Bergen; und auch du pflegst nach solchen Dingen zu streben. Aber dies ist ein Ausdruck für den herkömmlichen Menschen, weil du selbst es schließlich in der Hand hast, dich in dein Innerstes zurückzuziehen. Nirgends erfährt man größere Stille und Sorgenfreiheit, als wenn man sich in seine eigene Seele zurückzieht … beschenke dich selbst also immer wieder mit dieser Rückzugsmöglichkeit und erneuere dich selbst.

Mark Aurel, *Selbstbetrachtungen*, 4.3

Angesichts der Anforderungen des modernen Lebens ist die Versuchung groß, anzunehmen, dass ein Urlaub unsere Probleme lösen wird. Und während achtsame Freizeitbeschäftigungen ein wichtiges Element des Stoizismus sind, erinnert uns Mark Aurel daran, dass es einen schmalen Grat zwischen intentionaler Entspannung und Realitätsflucht gibt. Für Stoiker ist der produktivste Rückzug eine Innenschau, die die Abgründe der Seele offenbart.

1. Schließen Sie Ihre Augen und stellen Sie sich Ihren eigenen friedlichen inneren Rückzugsort vor. Beschreiben Sie ausführlich, was Sie dort sehen und erleben. Wie ist Ihr mentaler Zustand an diesem Rückzugsort?

2. Welche Tugend hilft Ihnen, Ihren inneren Frieden wiederherzustellen, wenn Sie angespannt sind? Welche Bedingungen müssen existieren, damit Sie in der Lage sind, in Stressphasen auf diese Tugend zurückgreifen zu können?

Tag 89: Selbstreflexion als tägliche Übung

Ich blicke im Geiste auf meinen Tag zurück und wiederhole alles, was ich gesagt und getan habe: Ich verberge nichts vor mir selbst und lasse nichts weg. Warum sollte ich mich vor meinen Schwächen fürchten, wenn ich es doch selbst in der Hand habe zu sagen »Ich drücke diesmal ein Auge zu: Sorge dafür, dass du das nicht wieder tust?«.

Seneca, Über die Wut, 3.36

Der antike Stoiker Sextius pflegte sich am Ende eines jeden Tages drei Fragen zu stellen: »Welche schlechte Gewohnheit hast du heute überwunden? Welches Laster hattest du unter Kontrolle? In welcher Hinsicht bist du jetzt ein besserer Mensch?« Seneca machte daraus ein Einschlafritual und legte seinen Schwerpunkt auf schonungslose Ehrlichkeit. Für Seneca ist die Wahrhaftigkeit der Antworten fast wichtiger als die Fragen selbst. Was gibt es schließlich zu fürchten, wenn man seine Reaktionen auf alles in der Welt im Griff hat?

3. Legen Sie drei Themen fest, über die Sie im Rahmen eines Einschlafrituals schreiben wollen. Sie könnten zum Beispiel die folgenden Fragen beantworten: Was ist mir heute gut gelungen? Was hätte ich besser machen können? Was werde ich morgen besser machen?

4. Nennen Sie drei Arten, wie Sie mehr Mitgefühl für sich selbst aufbringen können, statt in Selbstvorwürfe zu verfallen. Wie können Sie dieses Mitgefühl ausweiten, um das Leben Ihrer Mitmenschen zu verbessern?

Tag 90: Das Gute in sich erneuern

Schau nach innen. Dort findest du eine Quelle des Guten, die nicht aufhören wird zu sprudeln, sofern du nicht nachlässt und weitergräbst.

Mark Aurel, *Selbstbetrachtungen*, 7.59

Glück, Erfüllung und Freiheit sind erreichbar, wenn wir unseren Blick nach innen richten. Dort gibt es sogar einen endlosen Vorrat. Ganz gleich, was in unserem Umfeld geschieht, wir können auf unsere inneren Reserven der Weisheit und Akzeptanz zugreifen. Das ist nicht einfach, und es geschieht nicht über Nacht. Aber wenn wir beständig an unserer inneren Meisterschaft arbeiten, werden wir in unserem eigenen Geist eine fortwährende Quelle der Tugend und Zufriedenheit entdecken.

1. Zählen Sie die inneren Ressourcen auf, die Sie besitzen und auf die Sie in schwierigen Zeiten zugreifen wollen. Wie können Sie diese Quellen heute proaktiv in Ihr Leben integrieren?
2. Lesen Sie einige Ihrer Einträge in diesem Tagebuch durch. Suchen Sie sich einen Eintrag aus, den Sie herausreißen und verbrennen werden. Wählen Sie einen anderen Eintrag und markieren Sie ihn, um sich immer wieder davon inspirieren und leiten zu lassen. Stoizismus ist stets ein schmaler Grat zwischen Nicht-Anhaftung und Intentionalität.

Tag 90: Das Gute in sich erneuern

Schlussworte

Herzlichen Glückwunsch zum erfolgreichen Abschluss der 90 Tage, in denen Sie wie ein Stoiker gedacht und Ihre Gedanken zu Papier gebracht haben. Sie haben einen Meilenstein in Ihrem Leben erreicht und eine lebenslange Reise zu mehr innerem Frieden und Zufriedenheit begonnen (oder fortgesetzt). Diese intensive Erfahrung des Journalings war anspruchsvoll, aber Sie haben diese Herausforderung gemeistert. Dank Ihres Engagements haben Sie bereits einige der psychologischen Vorteile einer konsequenten stoischen Lebensweise erfahren können: mehr Zielorientierung, Akzeptanz, Großzügigkeit und Intentionalität bei allem, was Sie tun.

Ich hoffe, dass Sie den Abschluss dieses Kurses nicht als Ende betrachten, sondern als Anfang. Sie haben alles, was Sie brauchen, um sich weiterzuentwickeln. Sie haben den Boden bereitet und die Samen für ein Leben der Weisheit und Erfüllung gesät. Es liegt nun ganz bei Ihnen, diese Samen zu pflegen.

Danksagungen

Mein besonderer Dank gilt all jenen, die mir geholfen haben, dieses Buch zu realisieren: dem hochmotivierten Team von Zeitgeist (vor allem Erin Nelson) für ihre Professionalität und Weitsicht, Chris Gill für seine wertvollen Ratschläge (zu diesem wie auch zu anderen Projekten) und meiner stets hilfsbereiten Familie für ihre enthusiastische Ermutigung. Ich bin auch meinen Freunden und Kollegen in der stoischen Community für ihre Weisheit und Inspiration dankbar. Dieses Buch ist nicht nur vom antiken Stoizismus inspiriert, sondern auch von seiner modernen Ausprägung und all jenen, die in unserer heutigen Zeit nach einem tugendhaften Leben streben.

Quellen

Aurelius, Marcus (1910): *Meditations*. Übersetzt von George Long. London: Blackie & Son.

Epictetus (1926): »The Discourses« as Reported by Arrian, »The *Manual,« and »Fragments«*. Übersetzt von William Abbott Oldfather. Cambridge und London: Harvard University Press/Heinemann, 1926.

Laertius, Diogenes (2006): *Lives and Opinions of Eminent Philosophers*. Übersetzt von John Sellars. Los Angeles: University of California Press.

Seneca, Lucius Annaeus (1915): *Moral Letters to Lucilius*. Übersetzt von Richard Mott Gummere. London und New York: Heinemann/G. P. Putnam's Sons.

- (1910): *The Natural Questions of L. Annaeus Seneca Addressed to Lucilius*. Physical Science in the Time of Nero: Being a Translation of the »Quaestiones Naturales« of Seneca. Übersetzt von John Clarke. London: Macmillan.
- 1900): *Of a Happy Life*. Minor Dialogues Together with the Dialogue »On Clemency«. Übersetzt von Aubrey Stewart. London: George Bell and Sons.
- (1900): *Of Anger*. Minor Dialogues Together with the Dialogue »On Clemency«. Übersetzt von Aubrey Stewart. London: George Bell and Sons.
- (1900): *Of Consolation: To Polybius*. Minor Dialogues Together with the Dialogue »On Clemency«. Übersetzt von Aubrey Stewart. London: George Bell and Sons.
- (1900): *Of Peace of Mind*. Minor Dialogues Together with the Dialogue »On Clemency«. Übersetzt von Aubrey Stewart. London: George Bell and Sons.

- (1900): *Of Providence.* Minor Dialogues Together with the Dialogue »On Clemency«. Übersetzt von Aubrey Stewart. London: George Bell and Sons.
- (1932): *On the Shortness of Life.* Übersetzt von John W. Basore. London: Heinemann.

Empfohlene Literatur

Fideler, David (2022): *Frühstück mit Seneca. Ein philosophischer Leitfaden für ein glückliches Leben.* München: FinanzBuch Verlag.

Robertson, Donald (2021): *Stoizismus und die Kunst, glücklich zu sein.* München: FinanzBuch Verlag.

Salzgeber, Jonas (2019): *Das kleine Handbuch des Stoizismus.* München: FinanzBuch Verlag.

van Natta, Matthew (2021): *Stoizismus. Das besondere Buch für den angehenden Stoiker.* München: FinanzBuch Verlag.

van Natta, Matthew (2021): *Stoizismus – das 5-Minuten-Journal. das Arbeitsbuch für den angehenden Stoiker.* München: FinanzBuch Verlag.

Über die Autorin

Dr. Brittany Polat ist eine Autorin und Forscherin, die den Stoizismus als Lebensweise untersucht. Sie ist Mitgründerin der gemeinnützigen Organisation Stoicare, die sich für die Förderung der stoischen Prinzipien von Weisheit, Wohlbefinden, Gemeinschaft und Fürsorge einsetzt. Sie ist außerdem Mitglied des Lenkungsausschusses von Modern Stoicism und Vorstandsmitglied der Stoic Fellowship, zwei gemeinnützigen Organisationen zur Förderung der öffentlichen Auseinandersetzung mit dem Stoizismus. Brittany hat in Angewandter Linguistik promoviert, verbringt jetzt aber einen Großteil ihrer Zeit damit, den Stoizismus einem größeren internationalen Publikum vorzustellen, indem sie darüber schreibt, Vorträge hält und Interviews gibt.